Die Türkei auf dem Weg in die EU

T0316758

Europäische Hochschulschriften

Publications Universitaires Européennes
European University Studies

Reihe XXXI
Politikwissenschaft

Série XXXI   Series XXXI
Sciences politiques
Political Science

Bd./Vol. 543

PETER LANG
Frankfurt am Main · Berlin · Bern · Bruxelles · New York · Oxford · Wien

Metin Aksoy

Die Türkei auf dem Weg in die EU

Die Beziehungen zwischen der Türkei und
der Europäischen Union –
insbesondere von 1990 bis Ende 2004

PETER LANG
Europäischer Verlag der Wissenschaften

Bibliografische Information der Deutschen Nationalbibliothek
Die Deutsche Nationalbibliothek verzeichnet diese Publikation
in der Deutschen Nationalbibliografie; detaillierte bibliografische
Daten sind im Internet über <http://www.d-nb.de> abrufbar.

Gedruckt auf alterungsbeständigem,
säurefreiem Papier.

ISSN 0721-3654
ISBN 978-3-631-56164-5

© Peter Lang GmbH
Europäischer Verlag der Wissenschaften
Frankfurt am Main 2007
Alle Rechte vorbehalten.

Printed in Germany 1 2 3 4 5   7

www.peterlang.de

Meinen Eltern,
meiner Frau Hatice
und
meinem Sohn Mehmet Emin
in Liebe gewidmet

Inhaltsverzeichnis

1 Tabellenverzeichnis

2 Abkürzungsverzeichnis

$ US Dollar
Abs. Absatz
AKP Gerechtigkeits- und Entwicklungspartei
ANAP Mutterlandspartei
AP Gerechtigkeitspartei
Art. Artikel
bzw. beziehungsweise
CHP Republikanische Volkspartei
DIHT Deutscher Industrie- und Handelstag (DIHT)
DSP Demokratische Linkspartei
DYP Partei des Rechten Weges
EAG Europäische Atomgemeinschaft (auch Euratom)
EGKS Europäische Gemeinschaft für Kohle und Stahl
EGV EG-Vertrag
EK Europäische Kommission
EP Europäisches Parlament
ER Europäischer (Minister-)Rat
ESVP Europäische Sicherheits- und Verteidigungspolitik
EU Europäische Union
EUV EU-Vertrag
EWG Europäische Wirtschaftsgemeinschaft
FAZ Frankfurter Allgemeine Zeitung
FP Tugendpartei
GAP Südostanatolien-Projekt, Staudamm- und Bewässerungsprojekt
GASP Gemeinsame Außen- und Sicherheitspolitik
MCP Nationale Arbeitspartei
MHP Die Nationalistische Bewegungspartei
Mio. Million
Mrd. Milliarde
MÜSIAD Verein Unabhängige Industrielle
NATO Nordatlantik-Pakt-Organisation (North Atlantic Treaty Organisation)
RP Wohlfahrtspartei
SP Glückseligkeitspartei
u. und

u.a. unter anderem
UdSSR Union der Sozialistischen Sowjetrepubliken
usw. und so weiter
z. B. zum Beispiel

3 Vorwort

Diese Dissertation ist in mühevoller Arbeit entstanden. Ich habe oft Unterstützung gebraucht, in dieser Zeit war meine Familie immer bei mir. Deswegen bin ich meinen Eltern, *SATI* und *MUSTAFA AKSOY*, meinen Brüdern Nuri, Yahya und meiner einzigen Schwester Muhabbet zu tiefem Dank verpflichtet, denn sie haben mein Studium mit der notwendigen Geduld und Ausdauer unterstützt, ihr Vertrauen hat mich die ganze Zeit über begleitet.

Mein großer Dank gilt auch meiner Frau *HATICE*, die mich in guten und in schlechten Zeiten immer zu meinem Studium motiviert und meinen Stress erduldet hat. Ich und mein Sohn sind so glücklich, dass wir so eine Mutter wie dich haben. Danke für alles, unsere kleine Mutter.

Vor allem aber möchte ich meinem Vater danken, der mich mit seinem großen Herzen unterstützt und mir gezeigt hat, wie ein Vater sein soll und wie ich als Vater sein soll. Ich möchte ihm viele schöne Worte widmen, aber ich weiß, dass alles für ihn zu wenig sein wird. Ich will nur sagen: Ich liebe dich, Vater. Danke für alles.

Des Weiteren möchte ich Herrn *Doz. Dr. John BUNZL* und Herrn *Prof. Dr. Hans-Georg Heinrich* herzlich danken für die engagierte Betreuung dieser Arbeit und für die Bereitschaft, mir stets mit Rat und Tat zur Seite zu stehen. Wissenschaftlicher Rat und bisweilen Anmerkungen haben mir grundlegende Impulse und Anregungen für die hier vorliegende Arbeit mitgegeben.

4 Einleitung

Die Türkei und die Europäische Union verbindet eine 40-jährige Geschichte. Ob Osmanisches Reich oder heutige Türkei – immer gab es ein wechselvolles Auf und Ab. Im Osmanischen Reich begann der Verwestlichungsprozess mit der Charta Hatt-i Humayun im Jahre 1839. Mit dieser Charta, einem verfassungsähnlichen Erlass, wurde in den Bereichen Ökonomie und Politik die Umwandlung nach westlichem Vorbild in Gang gesetzt. Zwischen 1839 und 1876, der Epoche der wohlwollenden Neuordnung, plädierten die Führer der Hohen Pforte (Konak = Osmanisches Regierungshaus) für eine gezielte Umorientierung der osmanischen Politik entsprechend dem (west-)europäischen Vorbild.[1] Nach dem Ersten Weltkrieg zerbrach das Reich, die begonnenen Reformen nach westlichem Vorbild wurden allerdings unter der Führung Kemal Atatürks fortgesetzt, nicht nur im Bereich des politischen, sondern auch des ökonomischen und rechtlichen Systems.

Der Weg der neuen Republik zeigte nach Westen, die wirtschaftlichen und politischen Beziehungen mit westlichen Ländern wurden ausgeweitet. Die Türkei engagierte sich auch in nach 1945 entstandenen westlichen Organisationen, wie der NATO, dem Europarat, der UNO, und unterzeichnete später mit der EG (EU) ein Assoziationsabkommen.

Die Türkei stellte einen Antrag an die EU (EG), um ihre westliche Integration fortzuführen und vollwertiges EU-Mitglied zu werden. Am 18. Dezember 1989, nach zweieinhalb Jahren Bearbeitungszeit, veröffentlichte die EG-Kommission ihre Stellungnahme zum türkischen Beitrittsantrag, die eine Ablehnung beinhaltete. Die Bestätigung durch den Ministerrat der EG fand im Februar 1990 in Brüssel statt. Als Gründe, die gegen den Beitritt sprachen, wurden Demokratiedefizite, Menschenrechtsprobleme, wirtschaftliche Unterentwicklung gegenüber der EU (EG) und bestehende kulturelle Unterschiede angeführt.

Diese Ablehnung forderte in der Türkei scharfe Kritik heraus, besonders das Herausstreichen des „kulturellen Unterschiedes" erzeugte das Gefühl, dass die EU die Türkei ungerecht behandelt. Nach der Ablehnung des türkischen Vollmitgliedschaftsantrages versuchten beide Seiten, die Beziehungen wieder zu verbessern. 1995 nahm die Türkei an der Zollunion teil, im Jahr 1998 wurde ihr der Kandidaten-Status verliehen, 2004 begannen die Beitrittsverhandlungen.

---

[1]   Aslan, Yusuf: Die Türkei von der West-Integration zur Ost-Wendung? Main 1998, S. 14.

Das Ziel dieser Arbeit liegt darin, die Problematik des türkischen EU-Beitritts herauszuarbeiten. Der Schwerpunkt befasst sich mit der politischen, sozialen und wirtschaftlichen Integration der Türkei in die EU, besonders aber mit dem Zeitraum von der Ablehnung des Mitgliedschaftsantrages 1990 bis hin zum Beginn der Verhandlungen im Jahr 2004.

Das zweite Kapitel setzt sich mit der Assoziation auseinander. Diese stellte nur den Anfang der Beziehungen zwischen der Türkei und der Europäischen Union dar, denn das Ziel des Abkommens lag in der Erlangung der türkischen Vollmitgliedschaft in der Union, welche in drei Phasen erfolgen sollte: Eingangsphase, Übergangsphase und Endphase (Vollmitglied). Ich konzentriere mich zunächst auf eine Analyse, inwieweit die eingegangenen Verpflichtungen von den beiden Seiten erfüllt wurden.

Danach zeige ich die geschichtlichen Entwicklungen und Probleme beider Seiten auf sowie ihre Auswirkungen auf die Beziehungen zwischen der Türkei und der EU. Der letzte Teil dieses Kapitels beschäftigt sich mit dem türkischen Antrag auf Vollmitgliedschaft in der EU, mit seinen Folgen und den Reaktionen und geht näher auf die Ablehnungsgründe ein.

Das dritte Kapitel hat die Zollunion zum Inhalt. Warum wurde sie eingegangen? Welche Vor- und Nachteile ergaben sich durch sie? Auf jeden Fall zeigt sich darin, wie wichtig der Türkei die Beziehung zur EU ist, immerhin unterzeichnete sie als einziger Beitrittskandidat dieses Unionsabkommen.

Allgemeine Aspekte der Zollunion gelangen zur Ausarbeitung, zum Abschluss des Kapitels wird auf den Luxemburg- und den Helsinki-Gipfel eingegangen, welche einen Wendepunkt für die Beziehung darstellten. Es kommt zu einer Analyse ihrer Folgen und zu einer Untersuchung der Problembereiche.

Im vierten Kapitel sollen die politischen und wirtschaftlichen Kriterien analysiert und zum Teil Lösungsansätze herausgearbeitet werden. Zu den politischen Kriterien gehören Demokratie und Rechtsstaatlichkeit, die Menschenrechte, der Schutz von Minderheiten, die Todesstrafe, die Meinungsfreiheit, Frauenrechte, Vereinigungs- und Versammlungsrecht, Bekämpfung der Folter etc. Diese Punkte werden detailliert beschrieben, aktuelle Entwicklungen und bestehende Probleme und Lösungsansätze herausgearbeitet. Der zweite Teil dieses Kapitels beschäftigt sich mit den wirtschaftlichen Kriterien. Zu ihnen zählen u.a. eine funktionierende Marktwirtschaft und Wettbewerbsfähigkeit. Im Fokus stehen die wirtschaftlichen Entwicklungen in der Türkei und ihre Problembereiche.

Die Wirtschaft der Türkei soll auch unter Berücksichtigung der theoretischen Ansätze analysiert werden, ebenso geht es um den Versuch, aufzuzeigen, welche Probleme sich als Folge eines EU-Beitritts der Türkei für die Wirtschaft ergeben könnten.

Der Schluss dieses Kapitels behandelt den Zypern-Konflikt, der zwar nicht unter den Kopenhagener Kriterien gereiht, aber dennoch als ein Punkt genannt wird. Nach einem historischen Rückblick gelangen die Entstehungsgründe des Konfliktes, aktuelle Entwicklungen und Lösungsvorschläge zur Sprache.

Im letzten Kapitel dieser Arbeit wird zu den wichtigsten Streitpunkten in der Türkei-Debatte geforscht. Zunächst kommt es zu einer Erläuterung des häufig diskutierten Themas der europäischen Identität und der historisch-kulturellen Debatte. Was verstehen wir unter europäischer Identität? Schadet die Türkei der europäischen Identität oder wertet sie sie auf? Diese Fragen werden beantwortet, Hintergründe und Lösungsansätze ausgearbeitet.

Auch auf die geographische Lage der Türkei wird eingegangen. Die Türkei ist ein wichtiges Energie-Transportland, bildet eine Brücke zwischen Asien und Europa und pflegt historisch-kulturelle Beziehungen zum Nahen Osten und zu den Kaukasusländern, weswegen sich die geographische Lage für die Europäische Union als wichtig erweist.

Die Türkei ist für Westeuropa als politischer Stabilitätsfaktor in dieser Region von großer Bedeutung, weil dadurch die politischen Wirkungsmöglichkeiten auf den Nahen Osten und die Kaukasusländer erhöht werden, was besonders nach dem 11. September 2001 maßgeblich war. Die Türkei gilt als Sicherheitstor nach Europa.

Im zweiten Teil des Kapitels finden Recherchen zum Thema Sicherheitspolitik statt, auch eine Analyse der Beziehungen der Türkei zu den Nachbarstaaten erfolgt, auf die Nahost-, Kaukasus- und Balkanpolitik wird näher eingegangen, ebenso kommt es zu einer Ausarbeitung von Problemen (bzw. deren Lösungsansätzen), die durch einen möglichen EU-Beitritt der Türkei entstehen könnten.

Der Abschluss dieses Kapitels widmet sich der Türkei als einem politischen Modell für die Region und dem gemeinsamen Kampf gegen den Terrorismus, bei dem das Land eine Schlüsselrolle einnimmt, weswegen seine diesbezügliche Bedeutung für die EU geprüft werden soll.

Das Resümee der Arbeit erfolgt im Schlussteil. Dabei liegt besonderes Augenmerk auf der Entwicklung der Beziehungen zwischen der EU und der Türkei, und zwar beginnend mit dem Ankara-Abkommen im Jahr 1963, insbesondere unter dem Aspekt der Ablehnung des Vollmitgliedschaftsansuchens im Jahr 1990, bis hin zum Verhandlungsstart im Dezember 2004. Bewertet wird außerdem, inwieweit das Ziel der Assoziation, nämlich die Verwirklichung der Kopenhagener Kriterien für die EU-Vollmitgliedschaft, erreicht ist. Mögliche Lösungsvorschläge werden entwickelt.

5 Die Assoziation zwischen der Türkei und der EU

5.1 Historischer Rückblick

Völkerrechtlich gilt die Türkei als Nachfolgestaat des Osmanischen Reiches, dessen Glanzzeit in die Periode zwischen 1453 (Eroberung Konstantinopels) und 1683 (Belagerung Wiens) fällt.[2] Ziel aller Herrscher war es, in Europa Fuß zu fassen. Im Laufe des 17. Jahrhunderts nahmen jedoch die Probleme des Vielvölkerstaates zu: Massive Finanzkrisen, steigende Bevölkerungszahlen, mangelndes Kriegsglück, große Gebietsverluste, ökonomische Ausbeutung und politische Überlegenheit der westeuropäischen Staaten warfen das Osmanische Reich Ende des 19. Jahrhunderts auf den Stand eines Entwicklungslandes zurück.[3]

Vor dem Ersten Weltkrieg war das Reich innenpolitisch stabil, aber außenpolitisch isoliert. Der Krieg brachte den endgültigen Zusammenbruch. Mit dem Frieden von Sèvres (1920) wurde das verbleibende Kernland Anatolien zum Spielball der Siegermächte. Treibende Kraft im Unabhängigkeitskrieg (1919 - 1922), der auf die griechische Invasion folgte, war Mustafa Kemal, genannt Atatürk. Durch den gezielten Einsatz nationalistischer Parolen sicherte er sich die breite Unterstützung des Volkes.[4]

Die Gründung des modernen türkischen Staates erfolgte am 29. Oktober 1923. Die beiden Grundprinzipien – territoriale Integrität und Unabhängigkeit – sind bis heute gültig. Der Türkei gelang es bald, sich als regionale Macht zu etablieren. Im Inneren konzentrierte sich Atatürk auf die Modernisierung des Zivil- und Strafrechts. Der Kemalismus verbindet westliche Verfassungselemente wie die deutsche Militärordnung, das Schweizer Zivilgesetz und den französischen Zentralismus mit einer nationalstaatlichen Komponente. Viele Gräben ließen sich damit künstlich überdecken. Zugleich wurden jedoch neue Differenzen geschaffen, die zum Teil bis in die Gegenwart wirken.[5]

---

2   http://www.bpb.de/popup_lemmata.html?guid=WVRF8E" \t "lemmata" (04.007.2003).
3   Ebenda, 4.7.2003.
4   Ebenda, 4.6.2003.
5   Kurt, Cahit: Die Türkei auf dem Weg in die Moderne. Bildung, Politik und Wirtschaft vom Osmanischen Reich bis heute. Frankfurt, Bern, New York 1983, S. 28.

Mustafa Kemal (Atatürk) öffnete mit seinen radikalen Reformen den Weg nach dem Westen, indem er bewusst den Islam als gesellschaftliche und politische Kraft auszuschalten versuchte und stattdessen das Nationalbewusstsein einführte.[6] Die Ideologie war, Türke statt Muslim zu sein.[7] Nach dem Zweiten Weltkrieg suchte die Türkei wieder eine lebhaftere Hinwendung nach Westen. Wesentlich ist, dass es sich im türkischen Verständnis um eine verstärkte politische Anbindung handelte und weniger um eine kulturelle.

Die türkische Bürokratie bemühte sich um die Schaffung einer Nationalbourgeoisie als Träger der wirtschaftlichen Entwicklung des Landes, die ihre Interessen im Auf- und Ausbau einer Nationalindustrie durch die Verwendung der einheimischen Ressourcen vorantreiben und eine imperialistische Kontrolle der türkischen Wirtschaft verhindern sollte.[8] Diese Unterstützung des einheimischen Bürgertums setzte sich bis zur Einführung des Mehrparteiensystems 1946 in zunehmendem Maße fort.[9] Die Bourgeoisie organisierte sich in der Demokratischen Partei (DP), die im Jahre 1950 an die Macht kam. Menderes' DP erlangte 53,35 % der Stimmen. Dieses Wahlergebnis ergab sich aus dem damals existierenden Wahlgesetz, welches der DP zum ersten Mal nach der Gründung der Republik im Parlament eine Mehrheit von 80 % der Abgeordneten bescherte.

Eine Parallele zeigte sich beim Wahlsieg von Turgut Özals Mutterlandspartei (ANAP) im Jahr 1983 und zuletzt bei den Wahlen im November 2002 beim Sieg der AKP. Für den Kemalismus war die Europäisierung ein Mittel, die türkische Gesellschaft auf ein zeitgenössisches Niveau zu heben.[10] Die kemalistische Verwestlichung wurde von Kemal Atatürk mit seinen eigenen Worten folgendermaßen dargestellt: „Meine Herren, das Ziel unserer Nation, das Ideal unserer Nation ist Modernisierung in ihrer vollständigen Bedeutung, wie Sie wissen, ist die Existenz jeder Nation, ihr Recht, in Freiheit und Unabhängigkeit zu leben, proportional zu ihren Errungenschaften auf dem Felde der Zivilisation. Erfolg auf dem Weg der Zivilisation hängt ab von der Modernisierung, von der Übernahme notwendiger Innovation.[11] Im Leben einer Gesellschaft, in der Wirtschaft und in den Bereichen der Wissenschaft und Technologie ist dies der einzige Weg zu Fortschritt und Entwicklung."[12]

---

6   Bozkurt, Mahmut: Die Beziehung der Türkei zur Europäischen Union, Frankfurt am Main 1995, S. 7.
7   Rumpf, Christian: Die Beziehungen zwischen der Türkei und der EG, Bericht über die Tagung des AEI vom 17. bis 19. April 1986 in Augsburg. In: Europäische Integration, Mitteilungen des Arbeitskreises Europäische Integration, Presse- und Informationsbüro der EG-Kommission (Hrsg), Bonn Oktober 1986, S. 3. Oder siehe auch: Bozkurt, Mahmut, 1995, S. 6.
8   Bozkurt, Mahmut, 1995, S. 6.
9   Boratav, Korkut: Türkiye'de Devletcilik (Etatismus in der Türkei). 2. Aufl., Ankara 1982, S. 218.
10   Bozkurt, Mahmut, 1995, S. 7.
11   Ebenda; S. 6.
12   Atatürk'ün Söylev ve demecleri (Atatürks Reden und Erklärungen), Bd. 111, Ankara 1962, 2.

In diesem Sinne sah es jede türkische Regierung von der Gründung der Republik bis zum heutigen Tage als ihre Aufgabe an, Atatürks Ziele zu schützen und seinen Weg weiterzuverfolgen. Aufgrund sowjetischer Gebietsansprüche auf die türkischen Ost-Provinzen verschlechterten sich die Beziehungen zwischen den beiden Staaten. Die ehemalige Bedrohung durch die Sowjetunion und der Ost-West-Konflikt zwangen die Türkei dazu, den Neutralitätsgedanken in der Außenpolitik aufzugeben und sich nach Westen zu orientieren.

Der Weg führte über die Truman-Doktorin vom 12. März 1945, die den gemeinsamen Schutz Griechenlands und der Türkei einschloss und letztendlich am 18. Februar 1952 zur Aufnahme beider Länder in die NATO führte.[13] Unter Ministerpräsident Inönü zählte die Türkei am 16. April. 1948 auch zu den Gründungsmitgliedern der Organisation For European Economic Cooperation (OEEC). Wenige Monate nach Formierung des Europarates trat die Türkei am 8. August 1949 dieser Organisation bei.[14]

Danach folgten die Unterschrift unter die Europäische Konvention zum Schutz der Menschenrechte und Grundfreiheiten sowie der Beitritt zur Europäischen Zahlungsunion. In der Folge wurde die Türkei Mitglied in allen europäischen Organisationen, mit Ausnahme der EU.[15]

5.2 Die Entstehungsgründe der Assoziation

5.2.1 Die Interessen der Türkei an der Assoziation

Das Ankara-Abkommen zwischen der Türkei und der Europäischen Wirtschaftsgemeinschaft trat am 1. Dezember 1964 in Kraft. Es handelt sich um Artikel 238 des Vertrages von Rom,[16] der die Beziehungen mit der Europäischen Gemeinschaft einleitete. Sowohl dieser Vertrag als auch der türkische Vollmitgliedschaftsantrag und die Zollunion zeigen, dass die Bemühungen der Türkei um Integration die Unterstützung der Eliten des Landes fanden. Die Basis für die Einbindung in die westliche Welt legte der türkische Staatsgründer Atatürk, der als Ziel der jungen Republik den Weg der modernen Staaten

---

Aufl., S. 68. Siehe dazu auch Bozkurt, Mahmut; 1995, S. 7.

13 Cahit, Kurt, 1998, S. 275. Oder siehe auch: Bozkurt, Mahmut, 1995, S. 7. Auch: Grothusen, Klaus Detlev: Der Weg der Türkei in die Moderne – 65 Jahre politisch-historische Entwicklung. In: Aus Politik und Zeitgeschichte, Beilage zur Wochenzeitung „Das Parlament", B 14-15, 1. April 1988, S. 8.

14 Bozkurt, Mahmut, 1995, S. 7.

15 Cahit, Kurt, 1998, S. 8.

16 Ankara- Abkommen: Abkommen zur Gründung einer Assoziation zwischen der Europäischen Gemeinschaft und der Türkei (64/733/EWG) vom 12. Sept. 1963. In: EG (Hrsg.): Handbuch für Europäische Wirtschaft, 59. Lieferung, Februar 1965, S. 17. Oder auch unter: http://www.weltpolitik.net/texte/policy/tuerkei_eu/walter_hallstein.pdf.

(Westeuropas) aufzeigte. Das heutige politische System der Türkei fußt auf dem der (west-)europäischen Länder.

Für die Assoziierung der Türkei mit der EWG kann die politische Zugehörigkeit der Türkei zum Westen als ein Hauptargument bewertet werden.[17] Da die Türkei im Rahmen der politischen Organisationen agiert, zöge das Fernbleiben von der neuen Gemeinschaft für die Türkei, langfristig gesehen, gravierende außenpolitische Folgen nach sich.[18]

Dann hätte die Türkei möglicherweise auf die Schaffung neuer Absatzmärkte in den Ostblock-Ländern zielen müssen.[19] Durch den wirtschaftlichen Zusammenschluss der europäischen Staaten und deren Blockbildung – EWG und European Free Trade Association (EFTA) im Westen sowie der Rat für Gegenseitige Wirtschaftshilfe (RGW) im Osten – bestand für die Türkei die Gefahr einer zunehmenden Isolierung. Aus dieser Situation heraus entschied sie sich für den Weg in Richtung EWG.[20] Für die türkische Regierung lag nämlich aufgrund der politischen und wirtschaftlichen Lage und der Struktur der Außenhandelsbeziehungen sowie wegen der von der EWG zum Ziel erklärten umfassenden Integration ihrer Mitgliedsländer eine Bindung an die EWG näher als eine an die EFTA-Staaten.[21]

Auch außenpolitisch und wirtschaftlich bestanden enge Beziehungen zwischen der Türkei und den Kernländern. Etwa ein Drittel der türkischen Exporte entfiel zu Beginn der 60er Jahre auf die sechs EWG-Staaten.[22] Die Mitgliedschaft Italiens und der griechische Assoziierungsantrag waren mit ein Grund für die türkische Assoziierung.[23] Italien und Griechenland waren und sind zum Teil noch heute Exportkonkurrenten der Türkei auf dem europäischen Markt, insbesondere bei mediterranen Produkten.[24] Ein weiteres politisches Motiv der Türkei stellte der Zypern-Konflikt dar.[25] In den 50er Jahren hatte sich die Zypern-Frage als Konfliktfall erwiesen. Die türkische Regierung maß der Aufrechterhaltung des politischen Gleichgewichts im östlichen Mittelmeerraum große Bedeutung

17 Eski, Hasan: Wirtschaftliche Probleme der Assoziierung der Türkei an die Europäische Gemeinschaft, Dissertation, Köln 1977, S. 23. Oder auch unter: http://www.nadir.org/nadir/periodika/widerstand/presse_8.htm, 16.8.2004.
18 Bozkurt, Mahmut, 1995, S. 9.
19 Ebenda, S. 8.
20 Bozkurt, Mahmut, 1995, S. 9.
21 Esen, Erol: Die Beziehungen zwischen der Türkei und der europäischen Gemeinschaft unter besonderer Berücksichtigung der innertürkischen Kontroversen um die Assoziation 1973-80. Dissertation, Bonn 1990, S. 14.
22 Bozkurt, Mahmut, 1995, S. 9.
23 Ebenda; S. 9.
24 TOBB (Türkiye Odalar ve Borsalar Birligi: Verband der Kammern und Börsen der Türkei) (Hrsg.): Die Türkei in Europa (Beitrag von Heinz Krammer), Sonderheft, Februar 1988, S. 7; Eski, Hasan: Wirtschaftspolitische Probleme der Assozierung an die Europäische Gemeinschaft, Dissertation, Köln 1977, S. 22.
25 Mehr dazu siehe: S. 98.

bei, auch wollte sie die Zerstörung dieses Gleichgewichtes, das durch die Assoziation Griechenlands entstanden war, verhindern.[26] Leider erwiesen sich die Bemühungen als wenig erfolgreich.

Mit der Beendigung des Zweiten Weltkriegs etablierten sich die USA als „Weltpolizist". Aufgrund ihrer schwachen Wirtschaft, aber auch wegen der strategischen Bedeutung wurde die Türkei von den USA – mehr oder weniger willig – in ihre Hegemonialmacht eingebunden. Um ein Gegengewicht zu dieser einseitigen Abhängigkeit zu schaffen, suchten die Regierenden in der Türkei – und tun es weiterhin – eine stärkere Orientierung nach Europa.[27] Damit wollten sie die Bedeutung der Beziehung zu den USA durch eine stärkere Bindung zu europäischen Staaten im politischen und wirtschaftlichen Bereich ausgleichen.[28] Gerade die Aufnahme in die EWG könnte dabei einen wichtigen Beitrag leisten. Die Suche nach neuen Finanzquellen stellte ebenfalls einen Grund für die Anbindung an die EWG dar, da die in den 50er Jahren eingeleitete liberale Wirtschaftspolitik ein Handelsbilanzdefizit und eine rapide Zunahme der Auslandsschulden verursachte.[29] Nach dem Zweiten Weltkrieg setzte in Europa, besonders aber in Deutschland, großes wirtschaftliches Wachstum ein, das nach neuen Arbeitskräften verlangte, welche aus der Türkei in den Westen zogen.

Gute Beziehungen zur EWG mussten die Entsendung dieser Arbeitnehmer erleichtern, folglich würden sie dem kapitalarmen Land beachtliche Devisen einbringen.[30] Die Türkei erkannte, dass die Assoziation mit der EG dem eigenen Land wirtschaftlichen Aufschwung bescheren und EG-Förderungen die Modernisierung des Landes vorantreiben konnten. Generell erhoffte man sich eine Verbesserung der internationalen Wettbewerbsfähigkeit der türkischen Wirtschaft, insbesondere versprach man sich von dem von der westeuropäischen Wirtschaft ausgehenden Konkurrenzdruck eine Erhöhung der Effizienz, eine bessere Ausbeutung der Ressourcen sowie eine Verbesserung der Einkommensverteilung.[31]

5.2.2 Die Interessen der EWG (EG) an der Assoziation

Für die Türkei standen politische, wirtschaftliche und ideologische Gründe bei der Assoziierung mit der EWG im Vordergrund, während sich das Interesse der Europäischen Wirtschaftsgemeinschaft in erster Linie auf die Sicherheitspolitik richtete. Als Südostpfeiler der NATO wurde das Land für die westeuropäische

---

26 Bozkurt, Mahmut, 1995, S. 9.
27 Ebenda, S. 10. Oder siehe auch: Aslan Yusuf, 1997, S. 49.
28 Ebenda, S: 10.
29 Ebenda, S. 10.
30 Özak, Halil/Dagyeli, Yildirim (Hrsg.): Die Türkei im Umbruch. Frankfurt/M. 1989, S. 189.
31 Kramer, Heinz: Die Türkei und die Süderweiterung der EG. In: Außenpolitik, Jg. 35/1, 1984, S. 102.

Sicherheit als unverzichtbar angesehen,[32] wirtschaftliche Interessen spielten hingegen „nur" eine nachgeordnete Rolle.[33] Die Reaktionen der Staaten der Europäischen Wirtschaftsgemeinschaft (EWG) auf den türkischen Assoziationsantrag wurden daher weniger durch ökonomische als durch politische Faktoren bestimmt.

Seit dem Abschluss der Römischen Verträge waren gerade zwei Jahre vergangen. Da die Bemühungen um eine Übereinkunft in Hinblick auf die künftige Form der westeuropäischen Zusammenarbeit am Veto Großbritanniens scheiterten, führte dies zur Gründung der Europäischen Freihandelszone (EFTA).[34] Insgeheim verfolgten beide Organisationen eine Konkurrenzpolitik, um sich besser behaupten zu können. In dieser Situation entschieden sich Griechenland und die Türkei für die EWG. In den Assoziationsverträgen mit diesen Ländern zeigte die EWG, dass sie nicht nur an den eigenen Reichtum dachte, sondern auch den beiden europäischen Entwicklungsländern des Mittelmeerraumes die Möglichkeit gab, Mitglied zu werden.[35]

Der entscheidende Grund für die Zustimmung der EWG-Staaten zum Assoziationsabkommen mit der Türkei lag in den sicherheitspolitischen Interessen dieser Länder. Obwohl diese Komponente in den Gemeinschaftsorganen offiziell keinen Diskussionsgegenstand darstellte und dies auch heute noch nicht der Fall ist, sind sich Wissenschaftler darüber einig, dass dieser Faktor bei der Assoziierung der Türkei mit der EWG eine entscheidende Rolle spielte.

In einigen EG-Staaten setzte sich die Meinung durch, dass eine Assoziation der Türkei die logische Konsequenz der türkischen NATO-Mitgliedschaft sei. Als Brücke zwischen Europa und Asien, durch die Nachbarschaft zur ehemaligen Sowjetunion und zu den ölreichen Nahost-Ländern sowie aufgrund der Kontrolle der Meere war und ist die geopolitische Lage der Türkei von großer Bedeutung für die Sicherheit der westlichen Länder.

Daher sollten die bereits bestehenden Beziehungen zwischen der Türkei und der westlichen Welt durch die Assoziierung gefestigt und ausgebaut werden. Dies kam auch den damaligen Bestrebungen der USA entgegen, die der Türkei seit der Truman-Doktrin 1947 umfangreiche militärische und wirtschaftliche Hilfe geleistet hatten.

So hofften die Vereinigten Staaten, ihre westeuropäischen Verbündeten, unter denen die Bundesrepublik Deutschland eine besondere Stellung einnahm, im Sinne der Lastenverteilung unter den NATO-Mitgliedern bei der finanziellen Unterstützung der Türkei heranziehen zu können. Ferner sollte mittels der

---

32 Kramer, 1985, S. 6. Arslan, Yusuf, 1997, S. 142.
33 Kramer, 1985, S. 5. Arslan Yusuf, 1997, S. 142. Mehr dazu siehe: Militärverteidigungsakademie/Militärwissenschaftliches Büro: Informationen zur Sicherheitspolitik. Die Türkei und Europa. Nummer 5, Februar 1998; S. 33.
34 Kramer, 1984, S. 102.
35 Kramer, 1988, S. 32.

Assoziation die politische und wirtschaftliche Einbindung der Türkei in das westliche System gestärkt und damit auch ihre mögliche Annäherung an die ehemaligen Ostblock-Länder verhindert werden.[36]

Die sicherheitspolitische Bedeutung der Türkei und Griechenlands bzw. dieser Region veranlasste die Gemeinschaft bei der Aushandlung des Vertrages von Ankara und beim Zusatzprotokoll, eine Politik zu verfolgen, welche die beiden Länder möglichst auf demselben Niveau hielt und keines von beiden bevorzugte. Das wirtschaftliche Motiv der EG-Staaten für dieses Vorgehen lag in der Erschließung eines neuen Marktes und neuer Investitionsmöglichkeiten. Diese waren jedoch gegenüber den sicherheitspolitischen Interessen von nachgeordneter Relevanz.

5.3 Das Ankara-Abkommen

Die türkische Regierung stellte am 31. Juli 1959 einen Antrag an die EWG, um mit ihr in Verhandlungen über ein Assoziationsabkommen zu treten. Nach über vierjähriger Verhandlungszeit einigte man sich am 12. September 1963 in Ankara.[37] Wie den Worten des damaligen EG-Kommissionspräsidenten Walter Hallstein zu entnehmen war, der sagte: „Die Türkei ist ein Teil Europas", kam es vorwiegend aus politischen Gründen zur Einigung über das Ankara-Abkommen. Es bildet den juristischen Grundstein für die EG-Assoziation der Türkei.[38]

Aufgabe des Abkommens war „eine beständige und ausgewogene Verstärkung der Handels- und Wirtschaftsbeziehungen zwischen den Vertragsparteien unter voller Berücksichtigung der Notwendigkeit, dass hierbei der beschleunigte Aufbau der türkischen Wirtschaft sowie die Hebung des Beschäftigungsstandes und der Lebensbedingungen des türkischen Volkes gewährleistet werden.[39] Das Ziel des Abkommens lag darin, im Interesse der Europäischen Wirtschaftsgemeinschaft zu arbeiten, Grundrechte wie Frieden und Freiheit wahren und festigen zu helfen. Zur Erreichung dieser Vorgaben war eine Zollunion in Artikel 1 vorgesehen.

Die Assoziation sollte in drei Phase erfolgen: in einer Vorbereitungs-, Übergangs- und Endphase.[40] In der Vorbereitungsphase hat die Türkei ihre Wirtschaft

---

36 Bozkurt, Mahmut, 1995, S. 7.
37 Ankara-Abkommen: Abkommen zur Gründung einer Assoziation zwischen der Europäischen Gemeinschaft und der Türkei (64/733/EWG) vom 12. Sept. 1963. In: EG (Hrsg.): Handbuch für Europäische Wirtschaft, 59. Lieferung, Februar 1965, S. 17. Oder auch unter: http://www.weltpolitik.net/texte/policy/tuerkei_eu/walter_hallstein.pdf, 21.3.2003.
38 Österreichische Zeitschrift für Politikwissenschaft, 51.Jahrgang; 2/2004, S. 157. Oder siehe auch unter: http://www.tcberlinbe.de/de/eu/geschichte.htm, 17.10.2003.
39 Ankara-Abkommen: http://www.weltpolitik.net/texte/policy/tuerkei_eu/walter_hallstein.pdf, 10.6.2004. Dazu siehe auch: ZfP, 51. Jg., 2/2004, S. 157.
40 Ebenda, 10.5.2003. Dazu siehe auch: Karl-Theodor zu Guttenberg, Akademie für Politik und

mit Hilfe der Gemeinschaft entsprechend auszurichten, will sie den zukünftigen Verpflichtungen in der Übergangs- und Endphase nachkommen (Art. 3).

Dazu gehörten einseitige Finanzhilfen der EWG an ihren Partner, später auch die Erleichterung des Zugangs türkischer Arbeitskräfte zu den EWG-Ländern.[41] Laut Plan sollte die Vorbereitungsphase zumindest fünf Jahre lang dauern und konnte auf maximal 10 Jahre verlängert werden, wenn der Assoziationsrat zustimmte.

Die nächste Phase war die Übergangsphase mit einer vorgesehenen Dauer von 12 Jahren, wobei beide Vertragsparteien gegenseitige und gegeneinander ausgewogene Verpflichtungen eingingen, welche die schrittweise Einrichtung einer Zollunion zwischen der EWG und der Türkei sowie die Annäherung der türkischen Wirtschaftspolitik an diejenige der Gemeinschaft gewährleisten sollten (Art.4).[42]

Zuletzt findet sich die Endphase, deren Ziel in der Vollmitgliedschaft liegt. Durch die Assoziation sollte die Wirtschaftspolitik der beiden Seiten verstärkt organisiert werden (Art.5). Eingeplant war, dass die Türkei Verpflichtungen aus dem Vertrag zur Gründung der Gemeinschaft vollständig übernimmt, während die Vertragsparteien die Möglichkeiten eines Beitritts der Türkei zur Gemeinschaft prüfen (Art. 28).[43]

Der Assoziationsvertrag sieht vor, dass die im Prinzip autonome Wirtschaftspolitik der Beteiligten sich an gemeinsamen Zielen wie einem beständigen und ausgewogenen Wachstum, dem Zahlungsbilanzgleichgewicht und der Preisniveaustabilität orientierte.[44] Die Währungspolitik sollte zur Realisierung der Ziele des Abkommens dienen (Art.17 und 18). Die Zollunion umfasst den gesamten Warenaustausch, strebt die Beseitigung jeglicher Importrestriktionen zwischen der Gemeinschaft und der Türkei an und beinhaltet neben dem gewerblichen Warenverkehr auch die Landwirtschaft und den Handel mit Agrarprodukten.[45]

Der in Anlehnung an den EWG-Vertrag formulierte Assoziationsvertrag, in dem vereinbart wurde, die Beschränkungen der Niederlassungsfreiheit und des freien Dienstleistungsverkehrs zu beseitigen und den freien Kapitalverkehr zu erleichtern (Art.13 und 14),[46] sieht auch Regelungen zur schrittweisen Herstellung der Freizügigkeit von Arbeitskräften vor.[47] Ferner zielt das Assoziationsabkommen auf die Übernahme des gemeinsamen Zolltarifs (GZT) der Gemeinschaft

---

Zeitgeschehen; Hans Seidel Stiftung: Die Beziehungen zwischen der Türkei und der EU – eine „Privilegierte Partnerschaft". 33; S. 7.

41 ZfP, 51. Jg., 2/2004, S. 157.
42 Bozkurt, Mahmut, 1995, S. 7.
43 Ankara-Abkommen: http://www.weltpolitik.net/texte/policy/tuerkei_eu/walter_hallstein.pdf, 10.6.2004. Siehe auch unter: Ankara-Abkommen, 1963 S. 24.
44 Bozkurt, Mahmut, 1995, S. 13.
45 Ebenda, S. 13.
46 Ankara- Abkommen, 1963, S. 26.
47 Bozkurt, Mahmut, 1995, S. 14.

durch die Türkei ab. Des Weiteren wollte man die verkehrspolitische Komponente des EWG-Vertrages und die Grundsätze der Bestimmungen dieses Vertrages über die Steuern, den Wettbewerb und die Angleichung der Rechtsvorschriften im Rahmen der Assoziation zur Anwendung bringen (Art 15und 16).[48]

Gewisse Interessensgruppen, Parteien und Gewerkschaften sowie die Eliten des Landes unterstützten mehrheitlich das Abkommen mit der EWG. Zur Förderung der türkischen Wirtschaft wurde in der Vorbereitungsphase seitens der Gemeinschaft ein Kredit in Höhe von 175 Mio. Rechnungseinheiten (RE) gewährt und Importkontingente mit begünstigten Zolltarifen für die klassischen Exportprodukte wie Haselnüsse, Tabak, getrocknete Feigen und Rosinen eingeräumt.[49]

5.4 Das Zusatzprotokoll zum Abkommen von Ankara

Das Zusatzprotokoll aus dem Jahre 1970 beschreibt detailliert den Ablauf zur Erreichung der Zollunion. Damit wurden auch alle Einzelheiten der Übergangsphase festgelegt. 1968 leitete die Regierung der Gerechtigkeitspartei (Adalet Partisi = AP) die Verhandlungen über die Modalitäten der Übergangsphase ein, obwohl es die Möglichkeit gab, die Vorbereitungsphase zu verlängern und damit Zollpräferenzen zu genießen, ohne Reziprozität einräumen zu müssen. Für die türkische Regierung standen ganz bestimmte Argumente und Motive im Vordergrund.[50]

Das Hauptmotiv lag in der Wirtschaftsphilosophie der Gerechtigkeitspartei begründet, die mit den Forderungen der Bourgeoisie übereinstimmte. Sie war zu einer Integration mit der Gemeinschaft auf höherer Ebene bereit.[51] Die AP wollte mit der Übergangsphase das Wirtschaftssystem neu ordnen und die bisherige Wirtschaftsplanung aufheben. Für die Regierung unter Ministerpräsident Demirel (Gerechtigkeitspartei) bot sich mit Unterstützung der internationalen Abkommen eine liberale Wirtschaftpolitik an, deren Durchsetzung, genauso wie Strukturveränderungen in der Industrie, nicht ohne ausländischen Druck möglich wäre.[52] Ein weiterer Grund für die währungspolitische Gleichbehandlung der Türkei und Griechenlands seitens der EWG lag in der materiellen Ausgestaltung beider Abkommen.[53]

Die Regierung Demirels erhoffte sich durch das Erreichen von wirksameren Präferenzen für mehr Produkte einen besseren Zugang zum EWG-Markt. Auch

---

48   Ebenda, S. 14.
49   Manegold, Dirk/Probst, Fr./Uhlmann, F: Agrarwirtschaft und Agrarpolitik der Türkei unter Aspekten eines EG-Beitritts. Frankfurt 1989, S. 6.
50   Bozkurt, Mahmut, 1995, S. 14.
51   Ebenda, S. 14.
52   Bozkurt, Mahmut, 1995, S. 15.
53   Ebenda, S. 15.

sollten die Vorteile der bevorstehenden EWG-Erweiterung (Beitritt Englands, Irlands und Dänemarks) genutzt werden.[54] Die Türkei zeigte mit diesem raschen Schritt ihre Unzufriedenheit mit den Errungenschaften der Vorbereitungsphase, außerdem war eine ehebaldige Vollmitgliedschaft geplant. Die unbefriedigende Entwicklung des Außenhandels der Türkei mit der Gemeinschaft brachte zutage, dass die gewährten Zollkontingente auf zu wenige Erzeugnisse beschränkt waren und nur dazu dienten, den bestehenden Marktanteil dieser Produkte in den EWG-Staaten zu wahren, nicht aber die Ausfuhren der Türkei in die Gemeinschaft zu erhöhen.[55] Nicht zu Unrecht kritisierte der damalige türkische Außenminister im Mai 1967 die schwache Entwicklung der türkischen Exporte in den EG-Raum.[56]

Die Gespräche in Brüssel wurden am 13. November 1970 mit der Unterzeichnung des Zusatzprotokolls abgeschlossen. Dieses beschreibt detailliert den Ablauf hin zur Errichtung der Zollunion und sieht bei In-Kraft-Treten für Einfuhren aus der Türkei (mit einigen Ausnahmen, darunter auch Gewebe) eine Abschaffung von Zöllen und mengenmäßigen Beschränkungen seitens der EWG vor.[57] In Übereinstimmung mit einem Zeitplan zur Annäherung der türkischen Gesetzgebung an diejenige der EU im Wirtschaftsbereich gelten für die Türkei gleiche Vorgaben. Darüber hinaus sieht das Zusatzprotokoll vor, innerhalb der nächsten 12 bis 22 Jahre zwischen den beiden Unterzeichnungspartnern Freizügigkeit im Personenverkehr herbeizuführen.[58]

Im Zusatzprotokoll erfolgte eine Festlegung der Einzelheiten der Übergangsphase, vor allem die geplanten Schritte zur Realisierung der Zollunion zwischen der Türkei und der EWG wurden detailliert beschrieben.[59] Die Gemeinschaft gewährte vor dem Beschluss des Zusatzprotokolls bzw. der Übergangsphase bereits durch das Interimsabkommen von 1971 für fast alle türkischen gewerblichen Güter freien Zugang zu EG-Märkten.[60]

Die Verwirklichung der Übergangsphase brachte geringe Zollsenkungen für EG-Waren, während das Zusatzprotokoll für die Ausfuhr landwirtschaftlicher Erzeugnisse aus der Türkei in die EU erhebliche Vorteile bot. Im Jahr 1971 profitierten 92 % der türkischen Exporte an Landwirtschaftserzeugnissen von

54 Bozkurt, Mahmut, 1995, S. 15.
55 Ebenda, S. 15.
56 Ebenda, S. 15. Oder siehe auch unter: http://www.netzeitung.de/ausland/28682.html, 23.7.2004.
57 Bozkurt, Mahmut, 1995, S. 15. Dazu siehe auch unter: Zusatzprotokoll und Finanzprotokoll, Verordnung (EWG) Nr. 2760/72 des Rates vom 19. Dezember 1972. In: Europäische Gemeinschaft, 1978a, S. 581-683 Mehr dazu siehe auch unter: http://www.tcberlinbe.de/de/eu/geschichte.htm, 17.10.2003.
58 http://www.tcberlinbe.de/de/eu/geschichte.htm, 17.10.2003.
59 Bozkurt, Mahmut, 1995, S. 15. Mehr dazu siehe unter: http://www.weltpolitik.net/Sach gebiete/Europ%E4sche%20Union/Vertiefung/Erweiterung/Dossier/Beitritt_der_T%FCrkei/Gru ndlagen/Die%20Entwicklung%20der%20t%FCrkischen%20EU-Beitrittsperspektive.html, 29.9.2004.
60 http://www.otw.co.at/otw/index.php/g/a/164, 25.11.2004.

diesem Plan.[61] Trotz der späteren EU-Mitgliedschaft anderer Produzenten von landwirtschaftlichen Erzeugnissen wie Griechenland, Portugal und Spanien und der Entscheidung der EWG, mit bestimmten Mittelmeerländern Präferenzabkommen abzuschließen, hat die Türkei bis heute ihre Position als einer der privilegiertesten Handelspartner der EWG beibehalten. Wäre das Zusatzprotokoll zur Gänze umgesetzt worden, hätte man den freien Waren- und Dienstleistungsverkehr und die Annäherung der türkischen Gesetzgebung an die der EG in einer Vielzahl von Bereichen am Ende des 22-jährigen Zeitplanes erreicht.[62] Die Übergangsphase endete mit der Zollunion durch das 1996 in Kraft getretene Zollabkommen zwischen der EU und der Türkei.

5.5 Die politischen und wirtschaftlichen Entwicklungen in der Türkei 1973-1980

Die 70er Jahren waren für die Türkei der Anfang schwerer wirtschaftlicher und politischer Zeiten, was auch die Beziehungen zwischen der Türkei und EG in negativer Weise beeinflusste. Kennzeichnend dafür war das Begehren der türkischen Regierungen nach Herstellung des Gleichgewichts in der Assoziation.[63] Danach erweiterten sich die Beziehungen zwischen der Türkei und der EWG im Sinne des Zusatzprotokolls.

Die politische Krise basierte auf zwei Faktoren, die sich gegenseitig verstärkten. Erstens führte die ideologische Polarisierung der Gesellschaft dazu, dass politische Gewalttaten eskalierten.[64] Im Zuge dieser ideologischen Auseinandersetzungen entstanden kleinere Parteien: am Rande des äußersten rechten Spektrums: eine islamistische Partei (Nationale Wohlpartei), eine nationalistische Partei (Nationalistische Aktionspartei) sowie als äußerste Linke eine sozialistische (Türkische Arbeiterpartei) und eine weitere, ebenfalls volksorientierte Partei (Unionspartei der Türkei).[65] Während die rechten Parteien ein großes Maß an parlamentarischem Gewicht erlangen konnten, gelang es der äußerste Linken nicht, im Parlament Fuß zu fassen.[66]

Neben parlamentarischen Aktivitäten übten diese Parteien erheblichen Einfluss auf außerparlamentarische Kräfte aus, deren Auseinandersetzungen

---

61   http://www.tcberlinbe.de/de/eu/geschichte.htm, 17.10.2003. Dazu siehe auch: Ertekin, Kemal: Zu den türkischen Parteien bis zum Jahre 1980. 1989, S. 34.
62   http://www.tcberlinbe.de/de/eu/geschichte.htm, 17.10.2003. Mehr dazu siehe: Bozkurt, Mahmut, 1995, S. 16.
63   Ertekin, Kemal, 1989; S. 33. Oder siehe auch: Bozkurt, Mahmut, 1995, S. 55.
64   Bozkurt, Mahmut, 1995, S. 55.
65   Ebenda, S. 55.
66   Ebenda, S: 55.

zunehmend eskalierten.[67] Es folgte eine große Terrorwelle, welche der Türkei große wirtschaftliche und politische Probleme beschert(e). Als Nachteil erwies sich auch, dass keine der Parteien bei Wahlen so viele Stimmen erhielt, dass sie eine Alleinregierung bilden konnte. Die Koalitionsregierungen waren aufgrund fehlender Erfahrung oder ideologischer Uneinigungen nicht in der Lage, das Land entsprechend zu führen. Wirtschaftliche Probleme lieferten mit einen Grund für den Beginn der Terrorwelle.

Nicht einmal in der Außenpolitik existierte eine gemeinsame Haltung, ganz im Gegenteil, sie wurde Gegenstand parteipolitischer Auseinandersetzungen und zur Kraftprobe bei ideologisch bestimmten Strategien einzelner Gruppierungen.[68] Vom Zeitpunkt der Unterzeichnung des Zusatzprotokolls bis zur Militärintervention von 1980 nahmen die Regierungen[69] (ich zitiere nach Bozkurt)

... gegenüber der Integration bzw. Assoziation kontinuierlich eine gegnerische Haltung ein. Die Volkspartei (CHP) lehnte das Zusatzprotokoll ab. Nach Ansicht der CHP hatte es in der Übergangsphase nie ein Gleichgewicht gegeben.

Die durch das Zusatzprotokoll zuungunsten der Türkei festgeschriebene Beziehung verschärfte sich durch die Entwicklungen in den siebziger Jahren. Mitte der siebziger Jahre änderte die Gerechtigkeitspartei (AP) ihre Haltung. Als sich die Lage der Türkei innerhalb der Assoziation objektiv verschlechterte, versuchten die beiden regierenden Parteien, in der Assoziationsbeziehung ein Gleichgewicht zu erzielen. Die beiden Parteien hatten unterschiedliche Vorstellungen vom Inhalt des Gleichgewichts und von der Strategie seiner Herstellung.

Die CHP forderte die Revision des Zusatzprotokolls. Sie erhoffte sich, durch die Revision könnte die EG durch wirksame Präferenzen einen wesentlichen Beitrag zu den türkischen Entwicklungsbemühungen leisten. Die AP forderte nur eine Erhöhung der Präferenzen, wodurch sie sich die Abschaffung der Handelsbilanzdefizite und Impulse für die weitere Industrialisierung erhoffte. Das militärische Eingreifen der Türkei in Zypern hatte in den Beziehungen zur EG und zur ganzen übrigen Welt eine beachtliche Spannung verursacht.

Nach der Zypern-Operation verschlechterten sich die Beziehungen zwischen der EG und der Türkei, der griechische Einfluss verschärfte die negative Stimmung. Seit 1974 waren dadurch die politischen Beziehungen zur EG stark belastet.[70] Diese negativen Effekte wurden durch den Beitritt Griechenlands zur

---

67 Ebenda, S: 55.
68 Bozkurt, Mahmut, 1995, S. 57. Oder auch siehe: Erol, Esen, 1990, S. 274. Oder auch: Ertkein, Kemal, 1989, S. 121.
69 Erol, Esen: Zu den türkischen Regierungen von 1973 bis 1980. 1990, S. 274. Oder auch unter: Bozkurt, Mahmut, 1995, S. 56.
70 Sönmez, Ergün: Zu den Parteien in den siebziger Jahren gegenüber der EG-Assoziierung (bzw.gegenüber dem Westen): Die Türkei von Atatürk bis heute. Berlin 1985, S. 76.

Gemeinschaft potenziert.[71] Zusätzlich belastend auf die wirtschaftliche Situation wirkten die in den siebziger Jahre auftretende Ölkrise und „... *das Militärembargo, das die USA nach der Zypern-Intervention gegen die Türkei verhängten.*"[72]

Anfang der siebziger Jahre konnte die Türkei ihre Importausgaben vor allem mit kurzfristigen Krediten decken, wodurch eine weitere Wachstumsrate des Bruttoinlandsprodukts (BIP) auf ca. 8,6 % erreicht wurde[73]. Als sich nach der Anhebung der Erdölpreise die Petrodollar-Bestände bei den internationalen Großbanken häuften, stellte es für viele Entwicklungsländer, so auch für die Türkei, kein Problem dar, Kredite zu erhalten. Das hatte eine exorbitante Auslandsverschuldung binnen weniger Jahre zur Folge.[74]

Der Anstieg der Erdölpreise auf dem Weltmarkt und die damit verbundenen Auswirkungen brachten die türkische Wirtschaft in eine schwere Krise. Binnen kurzem stieg die Inflationsrate auf 30 %. Die Schwierigkeiten blieben auch in den späteren Jahren bestehen – mangelnde budgetäre Disziplin, populistische Wahlausgaben und unregelmäßige Wahlen lassen sich unter anderem als Gründe dafür nennen.

Die Arbeitslosenrate erhöhte sich auf 30 %. Die Auslandskredite mit kurzfristigen Laufzeiten wuchsen auf 20 Mrd. US$. Im Jahre 1978 war die Türkei nicht mehr in der Lage, auch nur die geringsten Verbindlichkeiten zu begleichen. Sie wurde zahlungsunfähig.[75] Die Banken, die bis dahin kurzfristige Kredite mit hohen Zinsen für die Türkei bereitgestellt hatten, nannten als Vorbedingung für neue Kredite ein Übereinkommen im Rahmen der üblichen Stabilisierungspolitik mit dem IWF.[76]

Durch falsches ökonomisches Vorgehen landete die Türkei in einer Sackgasse. Um daraus zu entkommen, willigte die türkische Regierung in eine Zusammenarbeit mit dem IWF ein. Freiwillige Maßnahmen, z.B. eine Devaluation für die Sanierung der Wirtschaft, wertete der IWF als unzulänglich.[77] Die Minderheitsregierung musste angesichts der wirtschaftlichen Situation im Lande die Standardstabilisierungspolitik des IWF akzeptieren.[78] Damit begann die bis jetzt anhaltende Einflussnahme des IWF auf die Türkei.

---

71 Gönlübol, Mehmet: Kürkcüoglu, Ömer; Olaylarla Türk Dis Politikasi (Geschehnisse der türkischen Außenpolitik). 1990, S. 590. Oder auch Bozkurt, Mahmut, 1995, S. 59.
72 Bozkurt, Mahmut, 1995, S. 57.
73 Ebenda, S. 58.
74 Ebenda, S. 58.
75 Bozkurt, Mahmut, 1995, S. 58.
76 Ebenda, S. 59.
77 Egbert, Gerken: Stabilisierung der türkischen Wirtschaft und internationale Hilfe. In: Europa-Archiv, Folge 21/1980, S. 655.
78 Akyildiz Ali K: Zur Analyse der importsubstituierenden und exportorientierten Industrialisierungspolitik in der Türkei unter Berücksichtigung der Auslandsverschuldung. Marburg 1988, S. 157.

Aus den oben genannten Gründen nahmen die Beziehungen zwischen der Europäischen Gemeinschaft und der Türkei in den siebziger Jahren einen nicht geplanten Lauf. Besonders die Verschlechterung der wirtschaftlichen Lage des Landes trug dazu bei. Bei den politischen Entwicklungen innerhalb der Türkei spielte insbesondere die Nationale Wohlfahrtspartei eine große Rolle, weil sie Auswirkungen auf andere politisch aktive Gruppen hatte.[79] Auch unter diesen Vorzeichen geht man im Westen zum großen Teil davon aus, dass eine islamische Türkei in einer christlichen Gemeinschaft keinen Platz finden soll.

Andererseits gewann allmählich auch die extreme Linke Einfluss auf die Regierungen. Nach deren Meinung stellte die Türkei, wäre sie in die EG integriert, nur einen Absatzmarkt für die kapitalistischen Länder dar.[80] Auch eine Verzögerung von Abkommenspunkten durch die EG, wie etwa die Freizügigkeit der Arbeitnehmer, wirkte sich nicht eben positiv auf die Beziehungen zwischen der Türkei und der Union aus. Im Land kristallisierte sich die Vorstellung heraus, im Grunde habe die EG kein Interesse daran, die Türkei zu integrieren, was zur Stärkung der Stellung extremer Parteien beitrug.[81]

5.6 Der Machtantritt der Militärregierung 1980-1983

5.6.1 Die Radikalität des Eingriffs

Die kurze Relance im Frühjahr 1980 in der Assoziation zwischen der EG und der Türkei wurde mit dem Machtantritt des Nationalen Sicherheitsrates unter General Kenan Evren beendet.[82] Das mit der Intervention vom 12.9.1980 errichtete Militärregime stellt den längsten und gleichzeitig tiefsten Eingriff des türkischen Militärs in die Politik seit 1945 dar. Die Intervention von 1960 lässt sich mit jener von 1980 zwar noch insofern vergleichen, als beide zu einer neuen Verfassung führten und grundlegende Änderungen in der Wirtschaftspolitik durchsetzten (Einführung staatlicher Planung bzw. Übergang zu einer exportorientierten Wirtschaft).

Auf dem Gebiet der politischen Neuordnung, soweit sie über die rein verfassungsrechtliche Ebene hinausgeht, wird jedoch der wesentliche Unterschied deutlich: Während es 1960 um die Zerschlagung einer politischen Kraft, nämlich der DP, ging, wurden durch die im Oktober 1980 verfügten Parteienauflösungen sämtliche bestehenden politischen Kräfte ausgeschaltet. Der neue Machthaber

79 Bozkurt, Mahmut, 1995, S. 58.
80 Ebenda, S. 58.
81 Gumpel, Werner: Die Vollmitgliedschaft der Türkei in der Europäischen Gemeinschaft. Probleme und Perspektiven. In: Beiträge zur Konfliktforschung. 10/3, 1980, S. 74.
82 Bozkurt, Mahmut, 1995, S. 60. Oder auch Bozkurt, Mahmut, 1995; S. 59.

verkündete seine Absicht, nach Wiederherstellung von Recht und Ordnung die Macht an eine zivile parlamentarisch getragene Regierung abzugeben und möglichst rasch zur Demokratie zurückzukehren.[83]

Ergänzt wurde diese Maßnahme durch den in Übergangsartikel 4 der neuen Verfassung enthaltenen Ausschluss der alten Politikergarde vom politischen Leben – auch für einen gewissen Zeitraum nach Installierung einer Zivilregierung. Als Folge dieser Politik der Tabula rasa spielte das Verhältnis zwischen Militär und zivilen politischen Kräften, das die interne Dynamik der beiden vorigen Regime entscheidend bestimmt hatte, von 1980 bis 1983 überhaupt keine Rolle. Das Gesetz des Handelns lag allein bei der Armeeführung.

Der Grund für die Radikalität des Vorgehens liegt zum einen im Scheitern der Regierungen von 1960-1961 und 1971-1973. Geprägt durch diese Erfahrung wollten die Militärs die nächste zivile Ära eigenen Aussagen nach gewissenhaft vorbereiten, um nie mehr in die Politik eingreifen zu müssen.

Zum anderen erwies sich die vorangegangene Krise in all ihren Dimensionen als ungleich ernster als die von 1960 und 1971. Sie erforderte daher auch einschneidendere Maßnahmen. Dass die von den Militärs verfolgte Politik ein geeigneter Lösungsversuch war, muss allerdings bezweifelt werden. Das Ziel dieser „Harekat" (Bewegung) – damit ist die Aktion des Militärs gemeint – ist es, die Integrität des Landes zu schützen, die nationale Einheit zu sichern und die Hindernisse für eine ordnungsgemäße Demokratie auszuräumen. Dabei kristallisieren sich drei Hauptforderungen heraus: Ruhe und Ordnung, der „Neubeginn der Demokratie" und die Durchsetzung einer neuen Wirtschaft.[84]

Die Militärregierung legte großen Wert auf die Entwicklung der türkischen Beziehungen zur EG,[85] doch trotz aller Anstrengungen seitens der neuen Machthaber zeigten sich gegenteilige Tendenzen. Nach dem Militärputsch im Jahr 1980 wurden die Beziehungen vorübergehend sogar suspendiert.[86] Dieser Militärputsch führte bei den EG-Ländern zu Misstrauen gegenüber der Beständigkeit und der Dauerhaftigkeit der Demokratie in der Türkei. Der Grund lag in den innenpolitischen Entwicklungen, beispielweise in den Verhaftungen und im Verbot politischer Aktivitäten für Politiker der „alten Garde".

5.6.2 Die Sanierung der Wirtschaft

Die vom Militärregime zur Überwindung der Wirtschaftskrise betriebene Politik war eine Fortsetzung des Stabilisierungsprogramms, das die gestürzte AP-

---

83 Schmitt; Eberhard/Hulusi, Turgut: Zu den außenpolitischen Erklärungen Evrens. München 1990, S. 600.
84 Weithmann, Michael W.: 1997, S. 341.
85 Barbara; Hofmann: Die Putsche im Sinne der NATO-Strategie gemacht wurden; Baden-Baden 1985, S. 83.
86 Plattner, Hans, 1999, S. 179.

Minderheitsregierung im Januar 1980 entsprechend den Bedingungen des Internationalen Währungsfonds in Kraft gesetzt hatte. Sie orientierte sich an marktwirtschaftlich-monetaristischen Vorstellungen und beinhaltete den Wechsel von der jahrzehntelang verfolgten Strategie der Importsubstitution hin zu einer exportorientierten Wirtschaft.[87]

Die Ergebnisse erwiesen sich in ökonomischer Hinsicht als zwiespältig, in sozialer Hinsicht eindeutig als negativ. Zwar sind bei der Bekämpfung der Inflation, bei der Steigerung des Exports, bei der Reduzierung des Handels- und Zahlungsbilanzdefizits, beim Wirtschaftswachstum und bei der längst überfälligen Reform des Steuersystems unstreitig erhebliche Erfolge zu registrieren, allerdings flachte der bis 1980 anhaltende positive Trend 1983 merklich ab, sodass sich die Frage nach der Dauerhaftigkeit dieser Erfolge stellt. Entgegen der Zielsetzung konnte zudem bislang keine konkurrenzfähige Exportindustrie größeren Umfangs aufgebaut werden. Vielmehr wurden die Exporterfolge in erster Linie durch großzügige Gewährung von Anreizen und Subventionen ermöglicht.

Bei den zu einer Umstellung auf den Export unfähigen Teilen der Wirtschaft führten Binnenrezession und extrem hohe Kreditzinsen zu zahlreichen Konkursen. Betroffen waren hiervon vor allem kleine und mittlere Unternehmen, während die traditionell ebenfalls stark binnenorientierten Großunternehmen Kapitalengpässe leichter ausgleichen konnten bzw. von staatlichen Stützungsaktionen profitierten. Die Hauptlast der Sanierungspolitik trugen die Arbeitnehmer, deren Reallöhne deutlich zurückgingen, während gleichzeitig die ohnehin hohe Arbeitslosigkeit weiter zunahm.

5.6.3 Repression und politische Neuordnung

Zur Erreichung des erwähnten Ziels der Militärs, künftige Interventionen überflüssig zu machen, gehörte kurzfristig eine Repression, die sich keineswegs auf gewalttätige Terroristen und auch, anders als 1971-1973, nicht auf linke Gruppierungen beschränkte. Sie traf vielmehr alle Kräfte, die aus der Sicht des Regimes das bestehende System in Frage stellten, sei es von links oder rechts. Das Schwergewicht lag allerdings eindeutig bei der Bekämpfung der Linken.[88] Dem Neubeginn der Demokratie, wie ihn die Generäle verstanden, diente auch die umfassende Säuberung der Bürokratie.[89] Der Staatsapparat sollte entpolitisiert werden, anstelle von Parteifreunden sollten Fachleute die Ämter übernehmen.[90]

---

87 Weithmann, Michael W./Moser, Brigitte: Die Türkei. Nation zwischen Europa und dem Nahen Osten. Köln 2002, S. 196.
88 Weithmann, Michael W., 1997, S. 306.
89 Weithmann, Michael W./Moser, Brigitte, 2002, S. 194.
90 Weithmann, Michael W./Moser, Brigitte, 2002, S. 194.

Langfristig sollte die politische Stabilität durch eine grundlegende politische Neuordnung gesichert werden. Diese wurde durch institutionelle Maßnahmen halbkonstitutionellen Charakters vorbereitet, in der neuen Verfassung kodifiziert und durch weitere, im Zusammenhang mit der Vorbereitung der Rückkehr zu einem Zivilregime erlassene Bestimmungen noch näher definiert. Die wesentlichen Merkmale dieser Neuordnung sind: Stärkung der Exekutive, insbesondere durch die Ausstattung des Staatspräsidenten mit weitgehenden Vollmachten und durch die Errichtung verschiedener Kontrollräte; erhebliche Ausweitung des Mitsprache-/Mitentscheidungsrechtes des Militärs; Eingrenzung des zulässigen politischen Spektrums; Beschneidung der politischen und gewerkschaftlichen Rechte und Freiheiten; Entpolitisierung des öffentlichen Lebens. Davon waren Linke wie Rechte betroffen, in erster Linie aber die Sozialdemokratie.[91]

Repression und Neuordnung sind in Zusammenhang mit der Wirtschaftspolitik zu sehen, die wegen ihrer sozialen Kosten unter demokratischen Verhältnissen nicht durchsetzbar gewesen wäre. Angesichts nicht erst als Folge der Sanierungspolitik drohender, sondern bereits vorher virulenter sozialer und politischer Konflikte wäre eine Reduzierung auf diesen Zusammenhang jedoch unstatthaft. Angemessener erscheint es, die politischen Stabilisierungsmaßnahmen primär zu interpretieren als den Versuch, einen seit den sechziger Jahren in Gang befindlichen Prozess der gesellschaftlichen Desintegration zu neutralisieren.

Insofern zwischen beiden Ebenen zweifellos eine Wechselwirkung besteht, ist die Notwendigkeit politisch institutioneller Reformen nicht zu leugnen. Ebenso bedürfte es aber tief greifender gesellschaftlicher Strukturveränderungen, zu denen jedoch die Armeeführung aufgrund ihres Klasseninteresses weder willens noch fähig ist. Der lediglich auf die Verhinderung der politischen Austragung sozialer Konflikte gerichtete Krisenlösungsansatz der Militärs dürfte – nicht zuletzt vor dem Hindergrund des Terror-Traumas – mittelfristig Stabilität erreichen, längerfristig aber lassen sich erneute Unruhen nicht ausschließen. Ob es dann zu einer neuerlichen offenen Militärherrschaft oder aber zu einer eher verdeckten kommt, dürfte u. a. vom Grad der Entschossenheit der Militärs, nicht zuletzt aber auch von außenpolitischen Reaktionen abhängen.

Die Intervention von 1980 stellt den bisher tiefsten Eingriff des türkischen Militärs dar und dürfte aus ebendiesem Grunde mittelfristig die gesteckten Ziele erreichen (jedenfalls auf politischem Gebiet). Mit der nunmehr installierten gelenkten Demokratie hat die Türkei allerdings ihren bisherigen Sonderstatus unter den Entwicklungsländern weitgehend verloren: Der in diesen Ländern vorherrschende Typus autoritärer Politik prägt nun auch in erheblichem Ausmaß die Türkei. Mit Bestimmtheit hat das Militärregime die Türkei weit von ihrem Vorhaben EU-Vollmitgliedschaft entfernt. Die Türkei sollte sich jetzt nicht vorrangig mit diesem Thema beschäftigen und es ist zu hoffen, dass sich gewisse

---

91 Weithmann, Michael W., 1997, S. 307.

Fehler nicht wiederholen.[92] Mit der Bildung der zivilen Regierung unter Führung Turgut Özals am 13. Dezember 1983 endete die Militärherrschaft.[93]

5.7 Die Bewerbung der Türkei um Vollmitgliedschaft im Jahr 1987

5.7.1 Die Beziehungen während der Özal-Regierung 1983-1990

Am 24. Januar 1980 hat die Türkei den Schwerpunkt ihrer Wirtschaftspolitik, basierend auf einem autarken importsubstituierten Modell, verlagert und den Kräften des Marktes Tür und Tor geöffnet. Danach und nach den Wahlen im Jahr 1983 normalisierten sich die nach der Intervention des Militärs am 12. September 1980 praktisch zum Stillstand gekommenen Beziehungen zwischen der Türkei und der Gemeinschaft.

Mit der Regierung Özal begannen erste Schritte Richtung Demokratie, die von den Westeuropäern allgemein anerkannt wurden. Gleichzeitig konzentrierte sich die Aufmerksamkeit der westeuropäischen Organisationen, insbesondere des Europarats und der EU, auf das Problem der Wahrung der Menschenrechte. Hauptansatzpunkte der westeuropäischen Kritik bildeten die Fortdauer des Kriegsrechts und die Weiterführung von verfahrensmäßig zweifelhaften Massenprozessen der Militärgerichte.[94] Von 1984 bis 1985 häufte sich im Europäischen Parlament die Kritik, die die Vollwertigkeit der türkischen Demokratie, die Minderheiten in der Türkei, Menschenrechte und die Probleme mit Zypern und dem Ägäischen Meer beinhaltete.[95]

Um den Kritiken am eingeschränkt demokratischen Charakter der türkischen Parlamentswahlen von 1983 entgegenzuwirken, setzte die Regierung Özal allgemeine Kommunalwahlen durch, an denen am 25. März 1984 alle Parteien des Landes unbehelligt teilnahmen. Diese Wahlen, die den Willen der Bevölkerung demonstrierten, bestätigten die führende Rolle der Mutterlandspartei. Somit entsprach die Regierung dem demokratischen Willen des Volkes.

Zu Beginn seiner Regierungszeit hielt sich Özal in Fragen der inneren Sicherheit zurück. Vermutlich wollte er einerseits jeden Konflikt mit der militärischen Führung und Staatspräsident Evren vermeiden, andererseits bot sich ihm durch dieses Vorgehen die Möglichkeit, seine ganze Energie auf die Verbesserung der

---

92 Interview mit Herrn Abgeordneten (und eh. Rechtsanwalt) in der AKP Bekir Bozdag am 17.8.2004. Er ist auch Kommissionsmitglied im Justizministerium. Siehe auch: http://www.tbmm.gov.tr/develop/owa/milletvekili_sd.bilgi?p_donem=22&p_sicil=6238, 1.2.2004.

93 Barbara; Hofmann/Balkan; C.: Militär und Demokratie in der Türkei. Berlin 1985. S. 99.

94 Birant, Mehmet Ali: Türkiye´nin Ortak pazar macerasi (EG-Abenteuer der Türkei) 1959-90. 8. Aufl., Milliyet yayinlari; 53, Istanbul 1990.

95 Süddeutsche Zeitung, 26.2.1984.

wirtschaftlichen Rahmenbedingungen bzw. die Durchsetzung des marktwirtschaftlichen Kurses zu konzentrieren.[96]

Trotzdem hob die Regierung das Kriegsrecht schrittweise in mehreren Provinzen des Landes auf oder wandelte es in einen gemilderten Ausnahmezustand um. Die Sicherheitskräfte führten jedoch weiterhin Aktionen gegen extremistische Gruppen durch. Daher nahmen die Klagen über Folterungen und Menschenrechtsverletzungen kein Ende.[97] Für die Normalisierung der Beziehungen zwischen der EU und der Türkei warteten Kommission und Ministerrat die Entwicklung im Europäischen Parlament ab. Im Juni 1984 brachte die zweite Direktwahl zum EP keine wesentlichen Kräfteveränderungen, denn die Sozialpolitische Fraktion blieb die stärkste Gruppe. Für die Entsendung der EP-Delegation in den gemischten parlamentarischen Ausschuss wurde die erneute Prüfung der Lage in der Türkei durch das EP beschlossen.

Der politische Ausschuss des EP ernannte am 25. Januar 1985 den Labour-Abgeordneten zum Berichterstatter. Dessen die Situation der Menschenrechte in der Türkei betreffende Bericht wurde im EP mit großer Mehrheit angenommen. Er enthielt auch den Punkt, in der Türkei gäbe es keine Demokratie. Um diese wiederherzustellen, müsse die Regierung Aktivitäten altgedienter Politiker wie Demirel und Ecevit zulassen. Kernpunkt aller Entschließungen war die Aufforderung an die Türkei, zu demokratischen und rechtsstaatlichen Zuständen zurückzukehren.[98] Nach der Stabilisierung der innenpolitischen Lage versuchte die Türkei, ihr Verhältnis zur EU wiederzubeleben, das Anfang der 80er Jahre fast abgebrochen war.[99]

Ab Sommer 1985 normalisierten sich die Beziehungen zwischen der EU und der Türkei. Anzeichen dafür ließen sich an offiziellen und inoffiziellen gegenseitigen Besuchen von türkischen und westeuropäischen Politikern ablesen. Diese Entwicklungen wirkten sich positiv auf die Assoziation aus. Westeuropäische Politiker verwiesen immer wieder auf die Bedeutung der Türkei für das westliche Bündnis, die ohnedies einen festen Platz in Westeuropa habe, und wegen des erlangten Standes der Redemokratisierug könne man an eine allmähliche Normalisierung der Assoziation denken. Von türkischer Seite wurden solche Äußerungen sehr positiv aufgenommen und die Erklärung abgegeben, dass die Türkei ihre Zukunft in Westeuropa sähe. Die türkische Regierung beabsichtige eine Mitgliedschaft in der EU.[100]

---

96 Bozkurt, Mahmut: Die Beziehungen der Türkei zur Europäischen Union. Main 1995, S. 67.
97 Hubel, Helmut: Die Türkei nach der Parlamentswahl von 1983. Europa-Archiv, 7/1985, S. 211.
98 Aslan, Yusuf, Main 1998, S 146.
99 Ramoglu, Kemal: Die politischen und wirtschaftlichen Aspekte der Beziehungen zwischen der EG und der Türkei seit den 60er bis 1992. Bonn 1994, S. 212.
100 Kramer, Heinz: Der türkische EG-Beitrittsantrag und der griechische Faktor. In: Europa-Archiv, 2/1987, S. 121.

Nach einem konzentrierten diplomatischen Vorstoß bei den Länderregierungen und beim EU-Präsidenten beantragte die türkische Regierung ein Zusammentreffen des Assoziationsrates auf Ministerebene, um die noch bestehenden Probleme und die Perspektiven der Normalisierung der Assoziation zu besprechen. Während Länder wie Deutschland und England positiv reagierten, wandten sich die griechischen Vertreter unter Verweis auf die nach wie vor unzureichende türkische Demokratie und die bilateralen Probleme (Ägäiskonflikt und Zypern) gegen eine Normalisierung der Beziehungen zwischen der EU und der Türkei. Trotz dieser Vorbehalte trat der Assoziationsrat am 16. September 1986 zusammen.

Dabei kam die Gesamtheit der anstehenden Probleme zur Sprache. Die Gemeinschaft verlangte von der Türkei, ihren Rückstand bei der Realisierung der Zollunion aufzuholen und machte auf die wirtschaftlichen und politischen Schwierigkeiten der Freizügigkeit der Arbeitnehmer aufmerksam. Die türkische Seite verlangte eine Abschaffung der Beschränkungen für Textilexporte in die EG.[101]

Bei den Ratssitzungen handelte es sich um nicht mehr als einen Meinungsaustausch, aber die Bedeutung der Treffen lag darin, dass der Assoziationsrat seit sechs Jahren erstmals wieder zusammentrat. So demonstrierte die Gemeinschaft ihren Willen zur Normalisierung der Beziehungen. Özals Regierung wertete die Ratssitzungen als ein Anzeichen der endgültigen Rehabilitierung durch die Gemeinschaftsländer. Somit fing das normale Verhältnis in der Assoziation wieder an.

Die Entwicklungen vor den und während der Assoziationsratssitzungen zeigten den geringen Bewegungsspielraum der Gemeinschaft, welche auf türkische Maßnahmen zur Vollendung der Zollunion nicht mit der entsprechenden Finanzhilfe und der Freizügigkeit der Arbeitnehmer reagieren konnte. Zusätzlich versuchte Griechenland jeden Schritt zu Normalisierung der Beziehungen in den EG-Gremien zu verhindern.[102]

Deshalb entstand in der türkischen Öffentlichkeit und in der Regierung Özal die Auffassung, dass die Assoziation keine lohnende Perspektive für die Entwicklung der Beziehungen bot. Der einzige Weg für eine weitere Normalisierung des Verhältnisses bestand im Beitritt der Türkei zur EG.[103] Zusätzlich drängten die Großunternehmer und EG-Befürworter die Regierung dazu, einen baldigen EG-Beitrittsantrag zu stellen. Am 24. November 1986 einigte sich der EG-Ministerrat auf ein Verhandlungsangebot an die Türkei.

Dieses enthielt zwar gegenüber dem Beschluss von 1980 leichte Verbesserungen, bot aber keineswegs Neuerungen. Nach einer Abmachung mit der EWG

---

101 Interview mit Bekir Bozdag, 17.8.2004.
102 Bozkurt, Mahmut, 1995, S. 73.
103 Interview mit Bekir Bozdag, 17.8.2004.

von 1970 sollte ab 1986 die Freizügigkeit für türkische Arbeitnehmer in die Staaten der EWG gewährleistet sein. Dies forderte der türkische Premier Özal nun ein.[104] Doch die türkische Vorstellung von einer automatischen Anwendung von Art. 48 ff (Freizügigkeit der Arbeitnehmer) erfüllte sich nicht. 1970, zu Zeiten des Arbeitskräftemangels, hätte man in Europa nichts gegen einen freien Zuzug einzuwenden gehabt, doch 1986, in Zeiten der Rezession und Arbeitslosigkeit, erschien diese Möglichkeit wie eine Horrorvision.

Besonders in Deutschland gingen die Wogen hoch, denn dort hatte der türkische Bevölkerungsanteil bereits die 2-Millionen-Grenze überschritten.[105] Eine Öffnung der Grenzen für türkische Arbeitnehmer schien den einzelnen Mitgliedsländern der Gemeinschaft aufgrund der veränderten Bedingungen nicht länger angeraten.[106] Die Ablehnung der Freizügigkeit verstärkte in der Türkei naturgemäß den Wunsch nach EG-Mitgliedschaft. Im Rahmen der Haushaltsdebatte kündigte Ministerpräsident Özal an, dass die Regierung innerhalb des Jahres 1987 einen Antrag auf EG-Vollmitgliedschaft stellen werde.[107] Nach türkischer Auffassung sollte die Lösung des Problems, die endgültige Regelung der Freizügigkeit, im Kontext der Beitrittsverhandlungen gefunden werden.

5.7.2 Der Antrag auf Vollmitgliedschaft in der EG und seine Folgen

Die Ablehnung des Wunsches nach Freizügigkeit der Arbeiternehmer bedeutete für die Türkei eine weitere Demütigung durch Westeuropa. Nach Özals Ansicht verstieß Brüssel damit gegen einen rechtsverbindlichen Vertrag. Bereits im Jahr darauf trat Ankara erneut auf die EWG zu, diesmal mit der Maximalforderung, nämlich dem Antrag auf Vollmitgliedschaft. Grundlage dafür war nicht nur Art. 237 der Römischen Verträge von 1958, sondern vielmehr das Assoziierungsabkommen von 1963 selbst.[108] Günstig erschien dieser Zeitpunkt nur Özal, der damit von innenpolitischen Schwierigkeiten ablenken wollte. Gemäß seiner Devise, ein Zeitalter zu überspringen, wünschte er, ohne die vereinbarte Zollunion abzuwarten, direkt ins europäische Haus zu marschieren. Ein Grund für den Vollmitgliedschaftsantrag der Türkei lag in der Aufnahme Spaniens, Portugals und Griechenlands, des Erzrivalen der Türkei, in die EG begründet. Die proeuropäischen Kräfte in der Türkei trugen sich mit der Sorge, dass das Land aufgrund der Süderweiterung ins Abseits geraten könnte.[109]

104 Weithmann, Michael W., 1997, S. 340.
105 Weithmann, Michael W., 1997, S. 341.
106 Steinbach, Udo: Die Türkei im 20. Jahrhundert. Schwieriger Partner Europas. 1996, S. 265.
107 Karluk, Ridvan S.:Avrupa Topluluklari ve Türkiye (Die Europäische Gemeinschaft und die Türkei).Istanbul 1990, S. 204.
108 Steinbach, Udo,1996, S. 266.
109 Bozkurt, Mahmut, 1995, S. 103.

Eine abgeschlossene Süderweiterung der EG käme der Türkei nicht zugute, da das Land zur Stabilisierung seines Demokratisierungsprozesses auf westliche Hilfe angewiesen war. Auch fürchtete die Türkei den Ausschluss vom entstehenden europäischen Binnenmarkt[110] und die wirtschaftliche Konkurrenz Griechenlands, Spaniens und Portugals.

Insbesondere auf dem Agrarsektor wiesen diese Länder ähnliche Strukturen wie die Türkei auf, ebenso wie mit den Assoziationsantrag (s.o.), sie muss also ihre wirtschaftliche Konkurrenzfähigkeit erhalten.[111] Der immer wieder erhobene Vorwurf an die Türkei, ihre Europapolitik stelle nur einen Reflex[112] auf ihre griechische Europapolitik dar, ist berechtigt, jedoch besitzt die Türkei gute Gründe, das Ägäisgleichgewicht zu erhalten. Nach Meinung Ankaras agierte Griechenland seit seinem Beitritt mit allen Mitteln zum Schaden der Türkei.[113]

Bis heute ist das Verhältnis zwischen der Europäischen Union und der Türkei von diesem, der Türkei schadenden und auch der EG große Probleme bereitenden griechischen Faktor bestimmt. Die Regierung in Brüssel gab Athen einen unschätzbaren Vorteil in die Hand: Griechenland darf mitbestimmen, ob sein Kontrahent Türkei EG- bzw. EU-Gelder erhält oder nicht. Es gehört wenig politische Phantasie dazu, sich vorzustellen, dass Griechenland alle ihm zur Verfügung stehenden Hebel nutzt, um Hilfen der Europäischen Union an Ankara zu blockieren.[114] Im Rahmen von Finanzprotokollen gewährte die EU ECU-Kredite an die Türkei. Erst im späteren Verlauf wurden diese Kredite durch Griechenland blockiert.[115]

Die türkischen-griechischen Beziehungen sind bis heute eher durch ein nahezu zwanghaftes gegenseitiges Misstrauen und durch abschreckende Verhaltensweisen als durch gegenseitiges Vertrauen und politische Zusammenarbeit bestimmt.[116] Die türkische Elite erhoffte sich nämlich von der Vollmitgliedschaft, dass in der EG der Streit mit Griechenland besser zu einem guten Ende gebracht werden könnte.[117]

Mit dem Beitritt zur EG wollte die Türkei endlich als ein europäischer und ein angesehener Partner Europas akzeptiert werden,[118] zumal sie nach dem Zweiten Weltkrieg keine eigenständige Außenpolitik betrieben und Loyalität

110 Cankorel, B.: Der EG-Beitrittsantrag aus Sicht der türkischen Regierung. In: Türkei. Europäische Integration, 1990.
111 Ramoglu, Kemal, Bonn 1994, S. 215.
112 Rumpf, Christian: Die Beziehungen zwischen der Türkei und der EG. Bericht über die Tagung des AEI vom 17. bis 19. April 1986 in Augsburg. In: Europäische Integration. Mitteilungen. 11/1986, S. 3-4.
113 Bozkurt, Mahmut, 1995, S. 104.
114 Weithmann, Michael W., 1997, S. 346.
115 Plattner, Hans, 1999, S. 179.
116 Kramer, Heinz; 1987; S.122.
117 Kramer, Heinz; 1987; S. 156.
118 Ramoglu, Kemal, Bonn 1994, S. 212.

zum Westen bewiesen hatte. Sicherheitspolitisch gab es eine weitgehende Konvergenz zwischen der Türkei und dem Westen.[119] Die türkische Außen- und Sicherheitspolitik war vollständig durch die Westorientierung bestimmt, und die Türkei versuchte mit dem Mitgliedsantrag, ihre Westorientierung voranzutreiben. Sie stellte das Ansuchen auch deshalb, weil sich eine gewisse Unzufriedenheit über den Stand der Assoziierungsbeziehungen eingeschlichen hatte, welche als unausgewogen und zuungunsten der Türkei angesehen wurden.

Die Türkei warf der EG vor, die eingegangenen Verpflichtungen der Türkei gegenüber nicht erfüllt zu haben, und hoffte, noch offene Probleme in den Beitrittsverhandlungen lösen zu können.[120] Am 14. April 1987 stellte die türkische Regierung den Antrag auf Vollmitgliedschaft in der Europäischen Gemeinschaft. Griechenland zögerte – einmal mehr – nicht, seine Ablehnung offen auszusprechen, weil die ersten Reaktionen der sozialistischen Fraktion im Europäischen Parlament deutlich negativ ausfielen. Man war sich mit dem Europäischen Gewerkschaftsbund darin einig, dass vor einer eventuellen Mitgliedschaft der Türkei weitere erhebliche innenpolitische Schritte in Richtung auf eine liberale demokratische Ordnung notwendig seien. Immerhin leitete der Ministerrat gegen den erklärten Willen des griechischen Vertreters den Antrag auf seiner Sitzung am 27. April 1987 ohne weitere Erörterung an die Kommission weiter.[121]

Am 18. Dezember 1989 veröffentlichte die Kommission der Europäischen Gemeinschaft in Brüssel ihre Reaktion auf den türkischen Antrag. Der Bescheid fiel nicht eben freundlich aus. Zwar wurde die grundsätzliche Beitrittsfähigkeit der Türkei nicht in Frage gestellt, aber man hob lediglich hervor, die Gemeinschaft werde eines Tages mit der Türkei in Beitrittsverhandlungen treten. Abseits davon ließ die Brüsseler Behörde keinen Zweifel daran, dass zum gegebenen Zeitpunkt die Türkei weder politisch noch wirtschaftlich für eine Mitgliedschaft in der Europäischen Gemeinschaft reif sei. Gewiss, das Land habe erhebliche ökonomische Fortschritte gemacht, und dennoch wurde der Finger auf die zahlreichen Ungleichgewichte und Unterschiede, die zu den EG-Ländern bestanden, gelegt.

5.7.3 Warum wird der Türkei keine EG-Vollmitgliedschaft gewährt?

Die Mitgliedschaft in der EG bot der Türkei die Perspektive, sich als bevorzugtes Entwicklungsprojekt der EG zu etablieren und auf diese Weise endlich entscheidende Fortschritte als kapitalistischer Standort zuwege zu bringen.[122] Von

119 Yilmaz; Bahri: Die neue Rolle der Türkei in der internationalen Politik. In: Außenpolitik; 1994, S. 97.
120 Ramoglu, Kemal, Bonn 1994, S. 215.
121 Steinbach, Udo, 1996, S. 267.
122 Die Türkei. Noch ein ehemaliger NATO-Frontstaat im Aufbruch.. In: Politische Vierteljahresschrift, 1994. Gegenstandpunkt. S. 143.

vornherein stand fest, dass das türkische Endziel in der Vollmitgliedschaft lag. Deswegen begründete die Türkei ihren Beitrittsantrag mit ideologischen (Fortschreibung der Westorientierung), politischen (Stabilisierung der Demokratisierung und Erhaltung des Gleichgewichts in der Ägäis) und wirtschaftlichen Motiven (Förderung der Entwicklung der türkischen Marktwirtschaft).[123] Demzufolge pochte die Türkei auf Art. 28 des EWG-Türkei-Vertrages, der einen möglichen Beitritt einräumte, und beantragte am 14.4.1987 die Vollmitgliedschaft.

Der EG-Rat beauftragte eine Kommission, den Beitrittsantrag zu prüfen. Nach zweieinhalb Jahren Bearbeitungszeit veröffentlichte diese am 18. Dezember 1989 ihre Stellungnahme.[124] Sie empfahl, dem Beitrittsgesuch der Türkei nicht stattzugeben. Brüssel folgte der Kommission und lehnte den Mitgliedsantrag der Türkei am 3. Februar 1990 ab.[125]

Die Kommission begründete ihre Stellungnahme damit, dass die Türkei die wirtschaftlichen und politischen Voraussetzungen für eine Aufnahme in die Europäische Gemeinschaft in absehbarer Zeit nicht erfülle.[126] Es wurden soziale und politische Einwände vorgebracht, einige von ihnen sind unten aufgezählt:

a) *Die Demokratie in der Türkei ist nicht stabil, und Menschenrechtsverletzungen würden stattfinden.*

b) *Das wirtschaftliche Gefälle zwischen den europäischen Ländern und der Türkei ist zu groß.*

c) *Die Türken kommen aus einem anderen Kulturkreis, haben vor allem eine andere Religion (Islam) und gehörten deswegen nicht in das christlich geprägte Europa.*

Ad a) Die Demokratie in der Türkei ist nicht stabil, und Menschenrechtsverletzungen würden stattfinden.[127]

Im Bereich der Politik bezeichnete die EG das politische System in der Türkei als an die Gemeinschaftsnormen angenähert. Gleichzeitig kritisierte die Gemeinschaft die Minderheitenrechte und die Anerkennung der Identität der Minderheiten in der Türkei.[128] Die EU begründete ihre Handlungsweise mit einigen Vorurteilen. Bedenkt man, dass Griechenland, Spanien und Portugal in die EU aufgenommen wurden, damit sich Demokratie in diesen Ländern etabliere, bleibt unverständlich, warum man der Türkei zuerst Demokratisierung und dann EU-

---

123 Aslan, Yusuf, 1998, S. 150.
124 Aslan, Yusuf, 1998, S. 151.
125 Ebenda, S. 151.
126 Bozkurt, Mahmut, 1995, S. 107. Oder siehe auch: Arslan, Yusuf, 1998, S. 151.
127 Zur aktuellen Lage der Türkei, siehe S. 94.
128 Bozkurt, Mahmut, 1995, S. 109.

Mitgliedschaft vorschreibt.[129] Im Vergleich mit den meisten europäischen Ländern weist die Türkei einen älteren Demokratieansatz auf.

Schon während des Osmanischen Reiches gegen Mitte des 19. Jahrhunderts kam es zur Etablierung der konstitutionellen Monarchie. Nach Gründung der Republik Türkei folgten enorme Modernisierungsmaßnahmen unter Atatürk. Im Jahr 1946 führte die junge Republik das Mehrparteiensystem ein. Trotz einiger Militärputsche ging die Türkei immer weiter den Weg hin in Richtung Demokratie. Betrachtet man dagegen Spanien, Griechenland und Portugal näher, so bleibt anzumerken, dass diese Länder erst nach 1974 die Demokratie festschrieben. Bereits kurz danach, noch bevor sich diese Staatsform etablieren konnte, wurden sie 1975 bzw. 1977 EU-Mitglieder.[130]

Auch vertritt die Kommission die Meinung, dass sich die Rechtsordnung der Türkei noch nicht auf dem Niveau der Gemeinschaft befindet.[131] Zwar habe der Demokratisierungsprozess der Türkei seit dem Militärputsch von 1980 enorme Fortschritte erzielt, die Rechtsordnung müsse sich jedoch noch stärker dem Pluralismus öffnen.[132]

Zusätzlich beanstandete die Kommission, dass der türkische Staat, insbesondere in der Frage der Menschenrechte und der Anerkennung der Identität der Minderheiten, trotz Fortschritten noch nicht demokratischen Verhältnissen entspreche.[133] Als sicher gilt, dass ohne entscheidende Verbesserung der Menschenrechtslage das Europäische Parlament einem EU-Beitritt der Türkei niemals zustimmen wird.[134]

Durch eine EU-Mitgliedschaft der Türkei würden in dieser Hinsicht wirksame Kontrollen durchgeführt, auch wäre gegen Missstände besser vorzugehen, oder EU-Rechtsexperten könnten der türkischen Regierung beratend zur Seite stehen. Die Bemühungen der türkischen Behörden, die Menschenrechtslage zu verbessern, sollten unterstützt werden.[135]

---

129 Akkaya, Cigdem: Ein Land im Wartestand. In: PZ, Wir in Europa, Die Türkei, Nr. 83, Bonn September 1995, S. 24f.
130 Ceyhan Haluk: Die Türkei und die Süderweiterung. Der EG-Strukturvergleich zwischen der Türkei, Griechenland, Spanien und Portugal. In: Zentrum für Türkeistudien, Türkei – EG, Die Türkei und die Europäische Gemeinschaft. Bonn 1989, S. 28.
131 Aslan, Yusuf, 1998, S. 154.
132 Kommission der Europäischen Gemeinschaft, 1989, S. 7.
133 Kommission der Europäischen Gemeinschaft, 1989, S. 7.
134 Plattner, Hans, 1999, S. 188.
135 Plattner, Hans, 1999, S. 188.

Ad b) Das wirtschaftliche Gefälle zwischen den europäischen Ländern und der
Türkei ist zu groß.[136]

Der wirtschaftliche Unterschied zwischen den damaligen Beitrittsländern Griechenland, Portugal und Spanien und der Türkei zum jetzigen Zeitpunkt erweist
sich als nicht allzu groß. Diese Länder erhielten in der Folge regelmäßig EG-
Gelder, um ihre Wirtschaft aufzubauen. Das wirtschaftliche und soziale Gefälle
zwischen der Türkei und wichtigen EU-Staaten ist allerdings als markant zu
bewerten.[137] So bleibt darauf hinzuweisen, dass noch fast die Hälfte der türkischen Beschäftigten in der Landwirtschaft tätig ist, dass das Pro-Kopf-Einkom-
men unter einem Drittel desjenigen der EG liegt und dass das Sozialversicherungssystem in den Anfängen stecken geblieben ist.[138] Dies schafft im Falle
eines türkischen Beitritts zur EU natürlich ein Anpassungsproblem im Bereich
der Wirtschafts- und Sozialpolitik. Der wirtschaftliche Teil des EU-Berichts wertet allerdings den Aufschwung der türkischen Wirtschaft als durchaus positiv.

Auch Fortschritte bei der Verbesserung der Infrastruktur müssen erreicht
werden, damit die Türkei die Anpassungsprozesse im Falle eines Beitritts zur
Gemeinschaft bewältigen kann. Die zu erwartenden Schwierigkeiten resultieren
aus dem starken strukturellen Gefälle in der Industrie und in der Landwirtschaft,
den makroökonomischen Ungleichgewichten, dem hohen Schutz der Industrie
und dem geringen sozialen Schutz.[139]

Ad c) Die Türken kommen aus einem anderen Kulturkreis, haben vor allem eine
andere Religion (Islam) und gehörten deswegen nicht in das christlich
geprägte Europa.[140]

Während von europäischer sozialdemokratischer und liberaler Seite die Aufnahme der Türkei in die EWG wegen ihrer Demokratiedefizite auf Ablehnung stieß,
etablierten sich auf konservativer und christdemokratischer Seite Bedenken, dass
die islamisch geprägte Türkei nicht in den christlich-abendländischen Kulturkreis passen würde.[141] Diese Aussagen seitens der EU lösten eine heiße politische Diskussion in der Türkei aus, die bis heute andauert und die wahrscheinlich für eine lange Zeit die türkische Öffentlichkeit beschäftigen wird.

Diese Äußerungen seitens der EU schockierten besonders die Parteien und
die Intellektuellen, die für eine Annäherung an Europa plädierten. Gleichzeitig

---

136 Zur aktuellen Lage der türkischen Wirtschaft siehe Seite 120. Oder auch unter:
     http://europa.eu.int/comm/enlargement/turkey/pdf/sec89_2290f_en.pdf, 23.10.2004.
137 Interview mit Bekir Bozdag, 17.8.2004.
138 Weithmann, Michael W./Moser, Brigitte, 2002, S. 234.
139 Bozkurt, Mahmut, 1995, S. 107.
140 Mehr dazu siehe ab Seite 116.
141 Weithmann, Michael W./Moser, Brigitte, 2002, S. 234.

bestätigten sie die Ansichten der traditionalistischen Parteien und der Ultra-
linken, die gegen die Zollunion bzw. gegen die Vollmitgliedschaft eintraten.

Dass die Türken Muslime sind und deswegen nicht in die EU aufgenommen
werden sollten, wurde von namhaften Politikern in der EU geäußert. Auf
Aussagen dieser Art folgte heftige Kritik in allen türkischen Tageszeitungen. Als
Tatsache lässt sich nicht leugnen, dass die Türkei nach Zusammenbruch des
Ostblocks ihre sicherheitspolitische Bedeutung für die EU einbüßte.

Bei einer längeren Fortdauer des Kalten Krieges wäre das Land wahrscheinlich bald nach seiner Vollmitgliedschaftsbewerbung in die EG aufgenommen
worden. Nach dem 11. September 2001 gelang es der Türkei allerdings, ihre
strategische Bedeutung zurückzugewinnen.

6 Zollunion, Luxemburg- und Helsinki-Gipfel

6.1 Die Zollunion zwischen der Türkei und der EU

In den Jahren nach der erneuten Ablehnung des Beitrittsgesuchs herrschte zwischen der Türkei und der EU vorübergehend Funkstille, was wohl auch mit den umwälzenden Ereignissen der Jahre 1989/1990 zusammenhing. Dennoch wurde das Ziel der Vollendung der Zollunion nicht aus den Augen verloren. Sie trat am 1. Januar 1996 in Kraft, die Assoziierung konnte in die Endphase übergehen. In diesem Zuge wurden sämtliche Zölle zwischen der Türkei und der Europäischen Union (EU) abgebaut, und es konnte ein gemeinsamer Außenzoll errichtet werden. Die Türkei wertete die Einführung der Zollunion als weiteren Meilenstein auf ihrem Weg zur Vollmitgliedschaft in der EU.[142]

„Guten Morgen, Europa", „Hallo Europa": Manche Schlagzeilen in der türkischen Presse lasen sich am Morgen des 1. Januar 1996 beinahe identisch. Die „Europhorie" am Neujahrstag galt dem Vertrag zur Zollunion mit der EU, der zum Jahreswechsel in Kraft trat. Doch die Freude dürfte vielen Türken bald vergangen sein.[143]

Denn die Zollunion der EU mit der Türkei ist keineswegs ein „ausgewogener Wirtschaftsvertrag", wie etwa der Deutsche Industrie- und Handelstag (DIHT) mit Engelszungen bei den Europa-Parlamentariern um Zustimmung warb.[144] „Der lange geschlossene Markt" sei „offen", warben auch die EU-Außenminister Ende Oktober für eine frohe Exportzukunft. „So billig kriegen wir die Türkei nicht wieder", hieße es aufs Beste gestimmt im Außenwirtschaftsausschuss des EP, empörte sich die grüne Fraktionschefin Claudia Roth.[145]

Aus diesen Gründen setzten heftige Diskussionen in der türkischen Öffentlichkeit ein, besonders die ehemalige Heilspartei (RP, heute SP), die ehemalige Nationale Arbeitspartei (MCP, heute MHP) und die linksgerichtete Arbeiterpartei (IP) waren gegen eine Zollunion, mit der Begründung, dass die Türkei wirtschaftlich noch nicht für dieses Vorhaben bereit sei, weswegen die Zollunion der türkischen Wirtschaft mehr schaden als nützen würde. Aus ähnlichen Motiven traten auch einige bedeutende Industrielle, besonders aus der

---

142 http://www.istanbulpost.net/04/07/03/yazicioglu.htm, 11.10.2004.
143 Hans, Plattner, 1999, S. 89.
144 http://www.oeko-net.de/kommune/kommune2-96/k296_12.htm, 12.10.2004.
145 http://www.oeko-net.de/kommune/kommune2-96/k296_12.htm, 12.10.2004.

Automobil- und Elektrobranche, gegen eine Zollunion ein. Der MÜSIAD (Verein Unabhängige Industrielle) und einige Medien organisierten Veranstaltungen, auf denen sich in- und ausländische Wirtschaftsexperten zum Thema äußerten. In einem Brief an die damalige Ministerpräsidentin Tansu Ciller wurde die Ablehnung formuliert.

Die Regierung sah sich gewarnt, dass durch die Zollunion kurz- und mittelfristig enorme wirtschaftliche Schäden auftreten würden, wie zum Beispiel steigende Importe und sinkende Exporte, denn die türkische Wirtschaft könne dem starken Konkurrenzdruck der EU-Länder keineswegs standhalten.

Die Türkei sollte zunächst versuchen, die Industrie dem westlichen Niveau anzupassen, gleichzeitig die hohen Auslands- und Inlandsschulden und die Inflation unter Kontrolle zu bringen, und eine Zollunion mit der EU erst später eingehen.[146] Ministerpräsidentin Tansu Ciller, die als Wirtschaftsprofessorin in den USA gearbeitet hatte, wusste wahrscheinlich die entstehenden wirtschaftlichen Probleme durchaus einzuschätzen. Auf der anderen Seite sah sie, dass die Türkei durch die Zollunion Europa einen Schritt näher kommen würde. In ihren Wahlreden machte sie stets deutlich, dass die Zollunion die Türkei zur Vollmitgliedschaft führen würde. Auch prophezeite sie, dass die Zollunion der türkischen Wirtschaft insgesamt, aber besonders der Textilindustrie, Auftrieb verleihen würde. Aller Voraussicht nach erschien ihr die Westbindung wichtiger als die türkische Wirtschaft selbst. Trotz aller Bedenken einiger politischer Parteien stimmte das türkische Parlament am 22.12.1995 für die Zollunion,[147] welche am 1. Januar 1996 in Kraft trat.

6.1.1 Die technischen Aspekte der Zollunion

Die Türkei hat sich dafür entschieden, die geplante Zollunion mit der EG zu vollenden. Die Gespräche begannen im Jahr 1994 und wurden im März 1995 mit einem Treffen des Assoziationsrates, welcher das höchste Organ der Assoziation ist, zwischen der EU und der Türkei abgeschlossen.

Er setzt sich zusammen aus den Außenministern der 15 EU-Länder und dem Außenminister der Republik Türkei sowie einem Vertreter der Kommission. An diesem Tag verabschiedete der Assoziationsrat den Beschluss 1/95 über die Durchführung der Zollunion zwischen der Türkei und der EU für Industriewaren und landwirtschaftliche Verarbeitungsprodukte zwischen der Türkei und der Europäischen Union zum 31. Dezember 1995. Auf dem gleichen Treffen wurde auch ein Beschluss über Begleitmaßnahmen verabschiedet und seitens der EU eine Erklärung zur

---

146 Die türkische Tageszeitung „Türkiye: „Was bringt die Zollunion der Türkei ? 22.11.1996, S. 4.
147 Mehr dazu siehe: Council; Decision No 1/95 of the EC-Turkey Association Consil of 22 December 1995; on implementing the final Phase of de Customs Unions 96/142/ EC, 13.2.1996

finanziellen Kooperation mit der Türkei als Teil des Zollunionspakets abgegeben.[148]

Mit der Zollunion schaffte die Türkei ihre Zölle und Abgaben auf Industriegüter aus der Europäischen Union gänzlich ab. Mit gleicher Wirkung glich die Türkei darüber hinaus ihre Zölle und Abgaben bei der Einfuhr von Industriewaren aus Drittländern den für Drittlandswaren geltenden zollrechtlichen Bestimmungen der EU an und übernahm allmählich die allgemeine Handelspolitik der EU sowie die Präferenzabkommen mit bestimmten Drittländern.[149] Durch diese Maßnahmen wurden die von der Türkei für Industriegüter aus EU-und EFTA-Länder erhobenen Schutzzölle von 5,9 % auf 0 % und für ähnliche Waren aus Drittländern von 10,8 % auf 6 % gesenkt.[150] Letztere fallen auf 3,5 %, sobald die EU in Hinblick auf die Verhandlungen der Welthandelsorganisation (WTO) ihren Verpflichtungen nachkommt.[151] Obwohl im ursprünglichen Paket landwirtschaftliche Grunderzeugnisse nicht enthalten waren, wurde am 1. Januar 1998 eine Präferenzregelung für diese verabschiedet, weitere Bemühungen in diese Richtung werden erwartet. Darüber hinaus übernimmt die Türkei zunehmend zahlreiche Maßnahmen der gemeinsamen Agrarpolitik.[152]

Von der EU wird gemäß der Entscheidung des Assoziationsrates hinsichtlich der Zollunion erwartet, dass sie bei der Entwicklung ihrer Agrarpolitik die Interessen der türkischen Landwirtschaft soweit wie möglich berücksichtigt.[153] Die Türkei machte bereits enorme Fortschritte, um ihre Gesetzgebung an diejenige der EU anzugleichen und arbeitet derzeit daran, ihre Gesetzgebung weiter mit der EU-Gesetzgebung in Einklang zu bringen.[154]

Dazu gehören in Handelsangelegenheiten Kontroll- und Schutzmaßnahmen bei Einfuhren aus der EU- und Drittländern, Anwendung von mengenmäßigen Beschränkungen und Zollkontingenten sowie Schutz gegen gedumpte und subventionierte Einfuhren.[155] Nach den Wettbewerbsregeln erfolgt ein Verbot von Beihilfen aus staatlichen Mitteln – gleich welcher Art –, die den Wettbewerb behindern oder verfälschen.[156] Zu diesem Zwecke wurde eine eigene Behörde

---

148 http://www.tcberlinbe.de/de/eu/geschichte.htm, 18.2.2002. Oder siehe unter: http://europa.eu. int/scadplus/leg/de/lvb/e40111.htm, 7.10.2004. Siehe auch unter: http://www.weltpolitik. net/texte/policy/tuerkei_eu/Customs%20Union.pdf, 9.9.2004.
149 http://www.tcberlinbe.de/de/eu/geschichte.htm (27.03.2003).
150 Ebenda, 27.3.2003.
151 Ebenda, 27.3.2003. Siehe dazu auch unter: http://www.weltpolitik.net/texte/policy/ tuerkei_eu/Customs%20Union.pdf, 3.8.2004.
152 Ebenda, 27.3.2003.
153 Ebenda, 27.3.2003.
154 Ebenda, 27.3.2003.
155 http://www.tcberlinbe.de/de/eu/geschichte.htm, 27.3.2003.
156 Ebenda, 27.3.2003.

geschaffen. Die Türkei sollte im Verlauf einer fünfjährigen Übergangszeit[157] ihre gesetzlichen und technischen Handelshemmnisse an die EU anpassen.

6.1.2 Entschließung zu begleitenden Maßnahmen

Mit der Zollunion schloss die Türkei die im Abkommen von Ankara festgelegte Übergangsphase ab. Trotz einiger wirtschaftlicher Verluste stellte das Land seine Wirtschaft auf das europäische Niveau ein und modernisierte sie.

Neben diesen eher technischen Bestimmungen in Zusammenhang mit der Errichtung und dem richtigen Funktionieren der Zollunion beinhaltet dieses Paket auch eine Entschließung des Assoziationsrates zur Intensivierung der Zusammenarbeit zwischen der Türkei und der EU in Bereichen, die nicht von der Zollunion abgedeckt sind, wie industrielle Zusammenarbeit, transeuropäische Netzwerke, Energie, Transport, Telekommunikation, Landwirtschaft, Umwelt, Wissenschaft, Statistik sowie rechtliche und innenpolitische Angelegenheiten, Verbraucherschutz, kulturelle Zusammenarbeit, Informationen usw.[158]

Diese Bestimmungen zielen auch darauf ab sicherzustellen, dass die stärkere Integration der Türkei durch die Zollunion nicht nur auf Wirtschafts- und Handelsangelegenheiten beschränkt bleibt, sondern im Rahmen des Abkommens von Ankara ihr Ziel erreicht.[159] Natürlich stellt die Zollunion für die Türkei eine wichtige Stufe auf dem Weg in die EU dar.[160]

6.1.3 Finanzielle Zusammenarbeit

Die finanzielle Zusammenarbeit konnte wegen geringer europäischer Bereitschaft und des griechischen Vetos nicht zur Gänze realisiert werden. Vorgesehene Hilfen, um die türkische Wirtschaft auf das Niveau der europäischen zu bringen, blieben aus. Der dritte Teil des Zollunions-Pakets beinhaltet das auf dem Treffen des Assoziierungsrates, bei dem die Entscheidung 1/95 verabschiedet wurde, von der EU gemachte Statement zur finanziellen Zusammenarbeit.[161]

Diese belief sich auf 2,22 Billionen ECU und war auf fünf Jahre angelegt. Sie zielte darauf ab, die durch die Öffnung der türkischen Wirtschaft für den europäischen Wettbewerb entstandene Last zu mildern, die Infrastruktur der Türkei zu verbessern und die wirtschaftliche Disparität zwischen den beiden Parteien auszubalancieren.[162]

---

157 Mehr dazu siehe: Beschluss 1/95 des Assoziationsrates vom 31.12.1995; im ABL Nr. L35/1996.
158 http://www.tcberlinbe.de/de/eu/geschichte.htm, 27.3.2003. Mehr dazu siehe unter: Beschluss 1/95 des Assoziationsrates vom 31.12.1995; im ABL Nr. L35/1996.
159 http://www.tcberlinbe.de/de/eu/geschichte.htm, 27.3.2003.
160 Interview mit Bekir Bozdag, 17.8.2004.
161 http://www.tcberlinbe.de/de/eu/geschichte.htm, 27.3.2003.
162 http://www.tcberlinbe.de/de/eu/geschichte.htm, 27.3.2003. Mehr dazu siehe auch unter:

6.1.4 Nachteile der Zollunion für die türkische Wirtschaft

Die am 1. Januar 1996 in Kraft getretene Zollunion brachte für die Türkei durchaus politische und wirtschaftliche Nachteile. Die Befürchtungen der Opposition und einiger Industrieller, dass kurz- bis mittelfristig, wie in jeder Zollunionsbeziehung, die zwischen ungleich entwickelten Staaten eingegangen wird, die Handelsvorteile der wirtschaftlich starken Seite, d.h. der EU, überwiegen, haben sich zum Großteil bewahrheitet.[163] Die Zollunion ist dennoch ein wichtiges Mittel für die moderne Gestaltung der türkischen Wirtschaft mit EU-Hilfe. Durch sie wurden Handelsschranken zwischen den EU-Ländern abgeschafft und gemeinsame Zolltarife erstellt.

Dabei sind die Mitglieder von den Entscheidungen, die den Außenschutz angehen, alle in gleicher Weise betroffen. Bei der Gestaltung der Verträge fassen die Mitgliedsländer selbstverständlich vor allem eigene Vorteile ins Auge, was zum Nachteil der Türkei wirkt, weil diese als Nicht-Vollmitglied der Union keinen Einfluss auf in Brüssel getroffene Entscheidungen nehmen kann, sondern sie stillschweigend akzeptieren muss. Außerdem muss die Türkei ihre bestehenden Zolltarife der EU anpassen und ihre Zollgesetze dementsprechend ändern.[164]

Politisches Versagen gereichte der türkischen Wirtschaft ebenfalls zum Schaden. Einen Monat nach In-Kraft-Treten der Zollunion fragten einige Journalisten den damaligen Vorsitzenden der Handelskammer, wie die Industriellen ihre produzierten Waren in die EU-Länder exportieren könnten. Die Antwort lautete: „Ehrlich gesagt, bin ich darüber auch nicht so recht informiert."[165] Daraus lässt sich ablesen, wie wenig die Türkei auf die Zollunion vorbereitet ist.

Die nötigen Gesetze, die zum einwandfreien Funktionieren der Zollunion beitragen sollten, wurden von der türkischen Regierung erst Monate nach In-Kraft-Treten erlassen, u.a. das Konkurrenzgesetz, Regelungen der Zölle usw.[166] Bislang schaffte es die Türkei noch nicht, eine Organisation ins Leben zu rufen, die internationale Standardbescheinigungen für die produzierten Waren ausstellen

---

http://ltd-ev.de/eu/FR_261102.htm, 22.8.2004.

163 Akkaya, Cigdem: Die Beziehungen zwischen der Türkei und der EU – Vergangenheit, Gegenwart und Zukunft. In: Zentrum für Türkeistudien, Essen 1996, S. 1. Siehe auch unter: Bülent; Gökay: Türkiye Avrupa´nin Neresinde?; Gümrük Birligi Anlasmasinin Düsündürdükleri (Wo liegt die Türkei in Europa? Gedanken zum Zollunionsabkommen). Ankara 1997, S. 78.

164 Kramer, Heinz: Das Abkommen mit der Türkei: Einzig in seiner Art. In: Die Assoziierungsabkommen der EU: Die Türkei und Mittelosteuropa in einem Boot?, Friedrich Ebert Stiftung, Eurokolleg 32, 1995, S. 3f. Mehr dazu siehe unter: http://www.tgsh.de/deutsch/details. php3?typ=news&idx=109, 23.7.2004.

165 Was ist Zollunion?, Hürriyet 11.1.1996, S. 5.

166 Ahmet, Güldes: Die Bedeutung des Assoziierungsabkommens der Europäischen Union mit der Türkei für die Wirtschafts- und Außenhandelsentwicklung des Landes. Übung "Entwicklungspolitik II", WS 1996/97 (Magister/Grundstudium), S. 6 (nicht veröffentlicht). Oder auch unter: http://www.hausarbeiten.de/faecher/hausarbeit/poe/6601.html, 5.2.2002.

kann. Deswegen sind die Industriellen gezwungen, Bescheinigungen teuer vom Ausland zu kaufen.[167]

Dies alles deutet darauf hin, dass Tansu Ciller die Zollunion nur als politisches Mittel zu ihrer Wiederwahl nutzte. Gravierende Nachteile ergaben sich für die Türkei auch aufgrund der griechischen Vetos. Griechenland blockierte wichtige Entscheidungen bereits während der Verhandlungen. Später hieß Athen den Abschluss der Zollunion lediglich unter der Bedingung gut, dass die EU Beitrittsverhandlungen mit der Republik Zypern aufnimmt.[168] Die EU kam dieser Vorgabe nach.

Gelder, welche die Türkei von der EU bekommen sollte, werden nach wie vor von griechischer Seite blockiert.[169] Es handelt sich um 350 Mio. ECU Strukturanpassungsmittel sowie um den türkischen Anteil am EU-Mittelmeerprogramm (MEDA), wiederum in Höhe von 350 Mio. ECU.[170] Außerdem erhielt die Türkei 600 Mio. ECU, welche das vierte Finanzprotokoll ab 1981 vorsah, immer noch nicht ausbezahlt. Solange die türkische Seite bei der Zypern-Frage nicht nachgibt, wird Griechenland alle finanziellen Hilfen weiterhin blockieren. Kein Wunder, dass sich die türkische Öffentlichkeit gegenüber anderen Erweiterungsländern benachteiligt fühlt.

Durch die Abschaffung der Zölle bei Importen aus den EU-Ländern erlitt die Türkei einen Verlust von ca. fünf Mrd. US $. Dieser Betrag umfasst das Fünffache der Finanzhilfen, welche die Türkei von der EU bekommen sollte.[171] Ein weiterer Nachteil der Zollunion liegt in der Nicht-Gewährung der Freizügigkeit in den europäischen Raum. Jedes Mal, wenn türkische Industrielle in EU-Länder reisen, brauchen sie ein Visum, was ihre Bewegungsfreiheit im Vergleich zu ihren Kollegen aus den EU-Ländern, die für die Türkei kein Visum benötigen, erheblich einengt.[172]

6.1.5 Vorteile der Zollunion für die türkische Wirtschaft

Der Vorteil für die türkische Wirtschaft liegt darin begründet, dass das Land seine Wirtschaft auf europäisches Niveau bringen muss, um wettbewerbsfähig zu werden und zu bleiben. Besonders die Automobilindustrie erhielt durch die

---

167 Ebenda, S. 6.
168 Hans, Plattner, 1999, S. 90.
169 Ahmet, Güldes, 1997, S. 7; Dazu siehe auch unter: http://www.oeko-net.de/kommune/kommune2-96/k296_12.htm, 27.9.2004.
170 Ebenda; S. 7. Dazu siehe auch unter: http://www.weltpolitik.net/texte/policy/tuerkei_eu/Customs%20Union.pdf, 13.6.2004.+
171 Verluste durch Zölle, Türkiye, 4.1.1997, S. 6. Güldes, Ahmet, 1997, S. 7. http://www.oeko-net.de/kommune/kommune2-96/k296_12.htm, 27.9.2004. http://www.geo.uni-augsburg.de/soz geo/gp/gp10/demirci.htm, 27.9.2004.
172 Sen, Faruk: Zollunion und die Türkei. In: Zentrum für Türkeistudien, Essen 1996, S. 4. Güldes, Ahmet, 1997, S.7. http://www.oeko-net.de/kommune/kommune2-96/k296_12.htm, 21.11.2004.

Zollunion wichtige Impulse. Viele große Automobilfirmen tätigen Investitionen in der Türkei, weil es dort billige Arbeitskräfte gibt, die Lohnnebenkosten niedrig sind und Fahrzeuge daher preisgünstig hergestellt werden können. Geld und Know-how ist durchaus vorhanden, allerdings machte man es sich insofern leicht, als man seit über 20 Jahren dieselbe Art von Autos produziert und sich dabei hinter höheren staatlichen Zöllen gegenüber dem Ausland versteckt. Dies gilt für die meisten Großindustriellen der Türkei, gleich in welcher Branche sie tätig sind.[173]

Im Jahr 1996 konnte die türkische Textilindustrie die Erwartungen noch nicht erfüllen, aber mit der Zeit gelang es ihr, auf dem europäischen Markt Fuß zu fassen. Bestehende Märkte werden nicht nur gesichert, türkische Unternehmen zielen außerdem auf neue ab, besonders in der GUS-Staaten und den USA.[174]

Durch die Zollunion kam es zu vielerlei Innovationsbestrebungen im Bereich der Textilindustrie, sodass sie international wettbewerbsfähiger wurde.[175] Zudem setzte ein Boom auf dem Tourismussektor ein. Die vorherrschende Meinung besteht darin, dass sich die EU und die Türkei durch die Zollunion näher gekommen sind und sich diese Entwicklung positiv auf die Tourismuszahlen auswirken wird.[176]

6.1.6 Allgemeine Bewertung der Zollunion

„Der von dem Assoziationsrat EU-Türkei zur Vertiefung der Beziehungen zwischen der Türkei und der Europäischen Union gefasste Beschluss zur ‚Feststellung der Anwendungsgrundlagen der Zollunion' vom 6. März 1995 wurde derzeit in verschiedener Weise interpretiert."[177] Danach hat die Türkei mit dem Beitritt zur Zollunion den Traum des Jahrhunderts verwirklicht.[178] „Indessen soll die Türkei nach der optimistischen Hinsicht mit der Zollunion einseitige Konzessionen gewährleisten, so dass sich die neue Kapitulationsphase eröffnet."[179] „In einer weiteren Forderung, welche der zweiten nahe steht, verlangt die Zollunion Zugeständnisse, die unseren vitalen Interessen zuwiderlaufen. Auch ist ein Entgegenkommen bei legitimen Erwartungen der Türkei gegenüber nicht zu erwarten."[180]

---

173 Ahmet, Güldes; 1997; S. 7; Bülent, Gökay, 1997, S. 79.
174 Ebenda, S, 8. Bülent, Gökay, 1997, S. 79.
175 Ebenda; S: 8: Bülent, Gökay, 1997, S. 79.
176 Ebenda, S. 8.
177 http://www.geo.uni-augsburg.de/sozgeo/gp/gp10/demirci1.htm, 8.6.2004.
178 http://www.geo.uni-augsburg.de/sozgeo/gp/gp10/demirci1.htm, 8.6.2004, siehe auch unter; http://www.weltpolitik.net/Sachgebiete/Europ%E4ische%20Union/Vertiefung/Erweiterung/Dossier/Beitritt_der_T%EU-Beitrittsperspektive.html, 26.9.2004.
179 http://www.geo.uni-augsburg.de/sozgeo/gp/gp10/demirci1.htm, 8.6.2004.
180 http://www.geo.uni-augsburg.de/sozgeo/gp/gp10/demirci1.htm, 8.6.2004.

Diese Aussagen zeigen, dass der Beschluss des Assoziationsrats vom 6. März 1995, Nr. 1/95[181], hinsichtlich des Staatsrechts nicht einmal ein Abkommen ist. Er weist allerdings nicht die Eigenschaft einer endgültigen Fassung auf. Dieser Beschluss kann wie die weiteren Beschlüsse des Assoziationsrats ausgedehnt und ggf. verändert werden, wie auch § 65 des Beschlusses vorsieht.[182] Anders gesagt, dieser Beschluss beinhaltet keine Entscheidung über die Mitgliedschaft der Türkei in der Union.

In der Präambel des Vertrags steht, dass der Beitrag der Europäischen Gemeinschaft zur Erhöhung des Lebensstandards des türkischen Volks den Beitritt der Türkei in die Gemeinschaft nachhaltig erleichtern wird.[183]

Die Vertragsparteien werden die Möglichkeit eines Beitritts der Türkei zur Gemeinschaft prüfen, sobald das Funktionieren des Abkommens von Ankara es gestattet. Die Türkei wird die Verpflichtungen aus dem Vertrag zur Gründung der Gemeinschaft vollständig übernehmen. Endziel ist, wie im Ankara-Abkommen beschlossen, die Vollmitgliedschaft in der Europäischen Union.[184]

Mit dem Beitritt zur Zollunion dachte die Türkei, der Vollmitgliedschaft in der EU näher zu kommen, allerdings geschah es auf Kosten der türkischen Wirtschaft, denn die EU betrachtete die Türkei nicht als normalen Beitrittskandidaten, verweigerte ihr immer wieder die Aufnahme. Im Grunde erfüllte die EU ihre Aufgaben ebenfalls nicht zur Gänze, denn die von der Europäischen Union als finanzielle Unterstützung der Türkei in 35 Jahren geleisteten Beiträge belaufen sich nicht einmal auf 1,5 Milliarden ECU.[185]

Dieser Betrag macht weniger als die finanzielle Unterstützung von Polen, Ungarn und der Tschechischen Republik im letzten Jahr aus. Obendrein öffnete die Türkei mit der Zollunion ihren eigenen Markt den EU-Ländern, so dass ihr Außenhandel mit den Firmen in der Europäischen Union ein jährliches Defizit in der Höhe von mehr als 10 Milliarden US $ aufweist.[186] Andererseits haben die Länder Polen, Ungarn und die Tschechische Republik mit der Europäischen Union keine Zollunion abgeschlossen.[187]

Die Europäische Union sah für die Jahre 1995-1999 eine Unterstützung in Höhe von 4,7 Mrd. ECU für die Mittelmeerländer vor. Ein Teilbetrag von 3,4 Mrd. ECU wurde von den MEDA-Fonds gedeckt.[188] Indessen hat das europäische Parlament die Unterstützung der Türkei über das Programm MEDA wegen

181 Ebenda, 9.6.2004. Mehr dazu siehe: Council; Decision No. 1/95 Of the EC-Turkey Association Council of 22 December 1995 on implementing the final Phase of the Customs Union (96/142/EC).
182 Ebenda, 9.6.2004.
183 http://www.geo.uni-augsburg.de/sozgeo/gp/gp10/demirci1.htm, 8.6.2004.
184 Interview mit Herrn Bekir Bozdag.
185 http://www.geo.uni-augsburg.de/sozgeo/gp/gp10/demirci1.htm, 8.6.2004.
186 Ebenda, 9.6.2004.
187 Ebenda, 9.6.2004.
188 http://www.geo.uni-augsburg.de/sozgeo/gp/gp10/demirci1.htm, 8.6.2004.

angeblich fehlender Reformen hinsichtlich Demokratie und Menschenrechte verweigert.[189] In den zur Unterstützung vorgesehenen Ländern funktioniert die Demokratie sehr gut, sie haben auch kein Menschenrechtsproblem. Gemäß des 4. Protokolls von 1992-1997 wurde vom MEDA-Programm für die Mittelmeerländer wie Ägypten eine Unterstützung von 27 %, Marokko 21 %, Algerien 17 %, Tunesien 14 %, Syrien 8 %, Jordanien 6 % und Libanon von 3 % geleistet.[190] Diese Unterstützungen stellte das Europäische Parlament nicht ein.

Da das Europäische Parlament die Subventionierung dieser Länder nicht verhinderte, sollte man annehmen, dass Länder wie Syrien im Gegensatz zur Türkei als demokratischer und sensibler gegenüber den Menschenrechten eingestuft werden.[191] Auch weitere Länder erhalten von der Europäischen Union Unterstützung, nur nicht die Türkei. Zum Beispiel haben im Jahre 1996 Albanien, Bosnien-Herzegowina und Makedonien aus dem PHARE-Programm mit einem Haushalt von mehr als 1,2 Mio. ECU, und die ehemaligen sowjetischen Republiken aus dem TACIS-Programm Nutzen gezogen.[192]

Von den zur Unterstützung vorgesehenen Ländern ist die Türkei der einzige Staat, mit dem die EU ein Assoziationsabkommen und die Zollunion abgeschlossen hat. Trotzdem erhält sie von der EU nur spärliche finanzielle Zuwendungen.[193]

Die EU muss einräumen, dass sich der Anteil der Türkei am Handel mit der Europäischen Union nach der Zollunion hinsichtlich der Einfuhr als auch der Ausfuhr positiv und gleichmäßig entwickelt hat. Während der Anteil der Türkei an den europäischen Ausfuhren im Jahre 1995 bei 2,3 % lag, hat er sich im Jahre 1999 auf 2,7 % gesteigert.[194] Der Anteil betrug bei der Einfuhr im Jahre 1999 1,9 %, während er im Jahre 1995 bei 1,7 % zu finden war. Zum Jahre 2000 ist die Türkei der siebtgrößte Ausfuhrkunde der EU.[195] Dennoch wird etwa die Hälfte des gesamten Handels der Türkei mit der EU abgewickelt. Im Jahre 2000 betrug er 52,5 %.[196] Der Anteil der EU an der türkischen Einfuhr belief sich im Jahre 1995 auf 47,2 %, was sich im Jahre 2000 auf 48,5 % erhöht hat.[197] Trotz aller Probleme wird die Türkei den Weg in Richtung Vollmitgliedschaft gehen und diese auch erreichen. Im Folgenden lege ich eine Tabelle vor, die den Außenhandel zwischen der Türkei und der EU in den Jahren von 1970 bis 2000 aufzeigt.

---

189 Ebenda, 9.6.2004.
190 Ebenda, 9.6.2004.
191 Ebenda, 9.6.2004.
192 Ebenda, 9.6.2004.
193 http://www.geo.uni-augsburg.de/sozgeo/gp/gp10/demirci1.htm, 8.6.2004.
194 http://www.geo.uni-augsburg.de/sozgeo/gp/gp10/demirci1.htm, 8.6.2004. Oder auch unter: http://www.oeko-net.de/kommune/kommune2-96/k296_12.htm.
195 Ebenda, 9.6.2004.
196 Ebenda, 9.6.2004. Siehe auch unter: http://europa.eu.int/scadplus/leg/de/lvb/e40111.htm.
197 Ebenda, 9.06.2004. Siehe auch unter; http://www.oeko-net.de/kommune/kommune2-96/k296_12.htm.

Tabelle 1: Außenhandel zwischen der Türkei und der EU (in Mio. US $)[198]

Jahr	Exporte in die EU	Anteil der EU am Gesamtexport (%)	Importe aus der EU	Anteil der EU am Gesamtimport (%)	Handelsvolumen	Anteil der EU am gesamten Handel (%)	Handelssaldo mit der EU
1970[1]	294	50,0	427	45,1	721	47,0	-133
1971[2]	329	48,7	582	49,7	911	49,3	-253
1973[3]	652	49,5	1.161	55,7	1.813	53,3	-509
1980[4]	1.299	44,7	2.360	29,8	3.660	33,8	-1.061
1981[5]	1.564	33,3	2.632	29,5	4.197	30,8	-1.068
1986[6]	3.263	43,8	4.565	41,1	7.828	42,2	-1.302
1990	6.893	53,2	9.328	41,8	16.221	46,0	-2.435
1991	7.042	51,8	9.221	43,8	16.263	46,5	-2.179
1992	7.601	51,6	10.049	43,9	17.650	47,0	-2.448
1993	7.288	47,5	12.949	44,0	20.238	45,8	-5.661
1994	8.635	48,0	10.915	46,9	19.550	46,7	-2.280
1995[7]	11.078	51,2	16.861	47,2	27.939	49,0	-5.783
1996[8]	11.484	49,8	22.335	52,6	33.819	51,6	-10.851
1997	12.115	46,6	24.013	51,5	36.128	49,7	-11.898
1998	13.498	50,0	24.075	52,4	37.573	51,5	-10.577
1999	14.348	54,0	21.416	52,6	35.764	53,2	-7.068
2000	14.351	52,5	26.388	48,9	40.739	50,1	-12.037
2001[9]	16.078	51,6	18.059	44,6	34.137	47,6	-1.998
Summe des Außenhandelsdefizits der Türkei seit der Zollunion mit der EU							-54.429

(1) Unterzeichnung des Zusatzprotokolls für den Außenhandel; (2) Inkrafttreten des Zusatzprotokolls; (3) Inkrafttreten des Zusatzprotokolls für die neuen EG-Mitglieder Großbritannien, Italien und Dänemark; (4) Die Stabilisierungsmaßnahmen vom 24. Januar wurden eingeleitet; (5) EG-Beitritt Griechenland zum 1.1.1981; (6) EG-Beitritt von Spanien und Portugal zum 1.1.1986 (7) EG-Beitritt von Österreich, Finnland und Schweden zum 1.1.1995 (8) Vollendung der Zollunion EU-Türkei ab 1.1.1986; (9) Schwere Wirtschaftskrise in der Türkei

Quellen: Amt für Außenhandel der Türkei sowie eigene Berechnungen des Zentrums für Türkeistudien

---

198 Sen, Faruk: Mögliche politische Auswirkungen einer EU-Mitgliedschaft der Türkei. Direktor des Zentrums für Türkeistudien in Essen; Gemeinsame Fachtagung der türkischen Gemeinde in Deutschland und der Europäischen Akademie in Berlin "Türkei-EU-Beziehungen aus der Sicht der 'Europa-Türken'". Berlin, 14.6.2002.

Tabelle 2[199]: Außenhandel der Türkei mit der EU

	1998	2003
Exporte insgesamt	24.964 Mio. €	41.761 Mio. €
Exporte nach EU-15	54,0 %	51,8 %
Importe insgesamt	38.351 Mio. €	61.248 Mio. €
Importe aus EU-15	52,6 %	45,6 %

6.2 Der Luxemburg-Gipfel und seine Folgen

Seit dem Luxemburg-Gipfel lässt sich eine Kehrtwende in den Beziehungen der Türkei zur EU ablesen. Nach seiner Abhaltung änderte die Türkei ihre Politik, nahm eine zurückhaltende Position ein und setzte Verhandlungen, welche generell gegen die Interessen der Türkei gerichtet waren, aus.[200]

Auf dem Treffen des Assoziationsrates am 29. April 1997 hat die EU die Qualifikation der Türkei für eine Mitgliedschaft in der EU bestätigt und die Kommission gebeten, eine Empfehlung für die Vertiefung der Beziehungen zwischen der Türkei und der EU vorzubereiten.[201] Gleichzeitig wurde angegeben, dass die Entwicklung dieser Beziehung von einer Reihe von Faktoren, die in einem Zusammenhang mit Griechenland, Zypern und den Menschenrechten stehen, abhängig ist.[202] Dennoch hat die Kommission in ihrem Bericht Agenda 2000, der am 16. Juli 1997 veröffentlicht wurde, die Türkei nicht in den Erweiterungsprozess einbezogen.

Während der Bericht zwar einerseits einräumt, dass sich die Entwicklung der Zollunion zufrieden stellend gestaltet, und zeigt, dass die Türkei sich den Normen der EU in zahlreichen Bereichen anpassen kann, wiederholt er aber die gleichen politischen und wirtschaftlichen Argumente gegen die Türkei und weist nicht auf das von der Türkei angestrebte Ziel der Vollmitgliedschaft hin.[203] Auf dem Luxemburg-Gipfel wurde als Wirtschaftsthema der gemeinsame Währungsfonds und als politisches Thema die EU-Erweiterung besprochen.

---

199 Vortrag von Prof. Dr. Sefik Alp Bahadir (Universität Erlangen) im Rahmen einer Veranstaltung der Friedrich Ebert-Stiftung in Erfurt am 16. November 2004.
200 Sebnem; Basdere; 2002, S. 32.
201 http://www.tcberlinbe.de/de/eu/geschichte.htm (27.03.2003).
202 Ebenda, 27.3.2003.
203 Ebenda, 27.3.2003. Dazu siehe auch: Sebnem; Basdere: Zum EU-Bild in der türkischen Öffentlichkeit; Unter besonderer Berücksichtigung der Zeitungskolumnen. Wien 2002, S. 32. Oder auch unter: http://ue.eu.int/ueDocs/cms_Data/docs/pressData/de/ec/00400.D7.htm,. 23.7.2004. Siehe auch: Ugur, Mehmet: Avrupa Birligi ve Türkiye (Europäische Union und die Türkei). Istanbul 2004, S. 300.

Unter anderem hat die Europäische Kommission die Agenda 2000 überprüft. Für das Jahr 1998 wurde die Einberufung einer bilateralen Regierungskonferenz beschlossen, um die Verhandlungen mit Zypern, Polen, Estland, der Tschechischen Republik und Slowenien über die Bedingungen ihres Beitritts zur Union und die damit verbundenen Anpassungen der Verträge zu beginnen. Hingegen wurde die Türkei, welche auf den längsten Assoziationsvertrag mit der EU zurückblickt, nicht als zukünftiger Beitrittskandidat erwähnt.[204]

Trotz der Argumentation der Kommission, dass für die Türkei und die anderen Kandidaten dieselben Kriterien zur Anwendung kämen, führten diese im Resultat zu unterschiedlichen logischen Schlüssen, und diese Sonderbehandlung löste sowohl in politischen Kreisen als auch in breiten Teilen der türkischen Bevölkerung Enttäuschung aus, da sie als Ablehnung und Zurückweisung empfunden wurde, und in der Folge kühlten die Beziehungen ein weiteres Mal erheblich ab.[205] Die Regierung Ciller stufte die Zollunion so ein, dass die Türkei damit in kürzester Zeit zur Mitgliedschaft in der Europäischen Union gelangen werde. Die Enttäuschung wuchs also umso mehr, als die Türkei zuvor, ohne Mitglied der EU zu sein oder über eine Beitrittsperspektive zu verfügen, mit der EU eine Zollunion eingegangen war.[206]

In einem Statement nach dem Gipfel kritisierte die türkische Regierung die Haltung der EU. Es wurde jedoch deutlich gemacht, dass das Ziel der Türkei, eine Vollmitgliedschaft und vollständige Assoziation, weiterhin bestehen würde, dass aber die Entwicklung der bilateralen Beziehungen davon abhinge, inwieweit die EU ihren Verpflichtungen nachkäme und dass bis zu einer geänderten Haltung der EU keine Themen außerhalb des vertraglichen Kontextes der bilateralen Beziehungen mit der EU geführt würden.[207]

Für die Türkei wurde anstatt dessen eine Strategie zur Vorbereitung auf den Beitritt und zu ihrer Heranführung an die Europäische Union in allen Bereichen festgelegt.[208] Diese Strategie bezog sich auf die Nutzung des Potenzials des Assoziationsabkommens, die Vertiefung der Zollunion, die Entwicklung der finanziellen Zusammenarbeit, die Angleichung der Rechtsvorschriften und die Übernahme des Besitzstandes der Gemeinschaft sowie eine fallweise zu beschließende Beteiligung an bestimmten Programmen und Einrichtungen.[209]

---

204 Sebnem, Basdere, 2002, S. 32.
205 Ebenda, S. 33 oder auch unter http://www.tcberlinbe.de/de/eu/geschichte.htm, 27.3.2003.
206 Ebenda, S. 32 oder auch unter http://www.tcberlinbe.de/de/eu/geschichte.htm, 27.3.2003.
207 http://www.tcberlinbe.de/de/eu/geschichte.htm, 27.3.2003.
208 Sebnem, Basdere, 2002, S. 33.
209 Ebenda, S.33. Mehr dazu siehe unter: Beschluss des Europäischen Rates (Luxemburg), 12./13. Dezember 1997, S. 17.

Des Weiteren wurde eine Anzahl von Grundsätzen erstellt, die eine stärkere Bindung an die Türkei ermöglichen sollte.[210] Die Türkei gab sich damit jedoch nicht zufrieden, denn sie war der Auffassung, dass sie gegenüber den anderen Beitrittskandidaten diskriminiert werde. Der ehemalige Außenminister Ismail Cem sagte: „Das Dritte-Klasse-Ticket im EU-Zug ist nicht akzeptabel."[211]

Die Regierung in Ankara erklärte weiter, dass man an der Konferenz nicht teilnehmen werde und der politische Dialog mit der Union ausgesetzt werde.[212] Nach In-Kraft-Treten der Zollunion im Jahr 1996 erkannte die Türkei, dass diese allein nicht ausreicht, um die Vollmitgliedschaft zu erhalten, weil sich bereits sechs Monate später zwischen Türkei und Griechenland Probleme wegen der Insel Kardak (Imia) ergaben.[213]

Die Reaktion der Europäischen Union fiel heftig aus, sie schlug sich ganz und gar auf die Seite Griechenlands,[214] was auch in der Erklärung zum Luxemburg-Gipfel zum Ausdruck kam. In dieser Erklärung fand sich auch die Definition aller Minderheiten. Außerdem ließen die andere EU-Länder sich von Griechenland beeinflussen und abhängig machen.[215]

Absatz 35: „Der Europäische Rat erinnert daran, dass die Festigung der Beziehungen zwischen der Türkei und der Europäischen Union auch von der Fortsetzung der politischen und wirtschaftlichen Reformen abhängt, die die Türkei insbesondere in folgenden Bereichen eingeleitet hat: Angleichung ihrer Maßstäbe und Praktiken im Bereich der Menschenrechte an die in der Europäischen Union angewandten Maßstäbe und Praktiken; Achtung und Schutz von Minderheiten; Herstellung zufrieden stellender und stabiler Beziehungen zwischen Griechenland und der Türkei; Beilegung von Streitigkeiten, insbesondere auf gerichtlichem Wege und hierbei vor allem über den Internationalen Gerichtshof, sowie Unterstützung der Verhandlungen, die unter der Federführung der VN im Hinblick auf eine politische Lösung der Zypern-Frage auf der Grundlage der einschlägigen Resolutionen des Sicherheitsrates der Vereinten Nationen geführt werden.[216]"

Die Türkei wünschte keinerlei Fragen bezüglich der griechisch-türkischen Beziehungen, Zypern oder der Menschenrechte mit der EU zu erörtern.[217] In dieser Entscheidung stand die EU unter dem Einfluss Griechenlands, denn trotz

---

210 Ridvan; Karluk: Avrupa Birligi ve Türkiye (Die Europäische Union und die Türkei). Istanbul 1998, S. 518. Oder siehe auch: Sebnem, Basdere, 2002, S. 34.
211 Weithmann, Michael W./Moser, Brigitte, 2002, S. 301.
212 Ugur, Mehmet, 2004, S. 299.
213 Ugur, Mehmet, 2004, S. 299.
214 EU Commission 1996.
215 Sebnem, Basdere, 2002, S. 33.
216 Beschluss des Europäischen Rates (Luxemburg), 12./13. Dezember 1997, S 17.
217 Sebnem, Basdere, 2002, S. 34.

bestimmter Kopenhagener Kriterien thematisierte sie immer wieder den Zypern-Konflikt,[218] der ihrer Meinung nach ausschließlich von türkischer Seite herauf-beschworen worden war. Bei einer Volksabstimmung am 24. April 2004 zeigte sich Folgendes: Der griechische Teil der Insel lehnte den Annan-Plan[219] mit großer Mehrheit ab und erhielt trotzdem als Belohnung die Vollmitgliedschaft in der Europäischen Union. Die Beziehungen zwischen der EU und Türkei sollten sich künftig auf die bestehenden Vereinbarungen stützen, nämlich auf das Assoziationsabkommen, das Zusatzprotokoll und den Zollunionsvertrag.[220]

Die Türkei nahm nicht am Eröffnungstreffen der Europakonferenz, die am 12. März 1998 in London stattfand, teil und machte damit deutlich, dass der Weg aus dieser schwierigen Situation von dem von der EU an den Tag gelegten politischen Willen abhängig ist.[221] Das Gipfeltreffen in Cardiff vom 15. bis 16. Juni 1998 bot eine gute Gelegenheit, die ungerechtfertigte schwierige Phase in den Beziehungen zwischen der Türkei und der EU nach dem Luxemburger Gipfel zu korrigieren.[222] Als Errungenschaft dieses Gipfels ist zu nennen, dass die Türkei als Beitrittskandidat eingestuft wurde. Das allein reichte allerdings nicht aus, um die nach dem Luxemburg-Gipfel aufgetretenen Spannungen auszuräumen. In der Erklärung vom 4. März 1998 legte die Europäische Kommission eine neue Strategie für die Türkei fest. Der Titel dieses Protokolls lautete „Die Vorbereitung der Türkei auf die Beitrittskandidatur". Dieses Protokoll sollte in Zusammenarbeit mit der Türkei durchgeführt und erweitert werden.

Die Bemühungen des englischen Premierministers Tony Blair, Griechenland von seinem Veto in Bezug auf die ökonomischen Hilfen abzubringen, blieben erfolglos.[223] Mit den Wahlsiegen der Sozialdemokraten in Deutschland und in anderen EU-Ländern kam es zu positiven Auswirkungen auf die Haltung der Union in der Frage der Erweiterung. Doch auch nach den Gipfeln von Cardiff und Wien wurde die Türkei nicht als Beitrittskandidat genannt.

Es war, als würde man aus einem wunderbaren Traum plötzlich erwachen. Die türkische Gesellschaft geriet in eine Nichtigkeit und zweifelte an einem Beitritt in die EU. Nur wollte jeder die Beitrittskandidatur erhalten. Auch war die türkische Öffentlichkeit in Kenntnis darüber, dass die Vollmitgliedschaft nicht leicht zustande kommen wird. Außerdem war auch das Land nicht bereit, jedoch hätte es in dem Zug sitzen und die Gegend besichtigen wollen. Besser ausgedrückt, uns selbst belügen, hätte uns mehr gefallen.[224]

---

218 Mehr dazu siehe Seite 98
219 http://www.cyprus-un-plan.org/annan_plan_text1_Tr.html, 27.10.2004.
220 Sebnem, Basdere, 2002, S. 34.
221 http://www.tcberlinbe.de/de/eu/geschichte.htm, 27.3.2003.
222 Ebenda, 27.3.2003.
223 Sebnem, Basdere, 2002, S. 33.
224 Birand, M. Ali: Türkiyenin Avrupa Macerasi 1959-99 (Das türkische EU-Abenteuer 1959-

6.3 Der Helsinki-Gipfel

Nach dem schweren Erdbeben, das im August 1999 den Nordwesten des Landes erschütterte, lag die Türkei ökonomisch am Boden. Viele Nachbarländer und auch die Europäische Union boten daraufhin ihre Unterstützung an. „Der Präsident des EU-Rats, der finnische Außenminister Tarja Halonen, lud den türkischen Außenminister Ismail Cem jedoch zur Teilnahme an einem Arbeitsessen nach der Zusammenkunft des Rates für Allgemeine Angelegenheiten am 13. September 1999 in Brüssel ein. Diese Einladung bot eine Gelegenheit, die Sicht der Türkei in Hinsicht auf den notwendigen Wiederaufbau nach dem Erdbeben und die Beziehungen zwischen der Türkei und der EU darzulegen. Zusätzlich zu den zwei Notfallpaketen/Hilfspaketen in Höhe von je 2 Millionen Euro, die der Türkei in der Woche nach dem Beben zur Verfügung gestellt wurden, wurde auf diesem Treffen ein Konsens über ein weiteres Hilfspaket für die Türkei in Höhe von 30 Millionen Euro für den Wiederaufbau erzielt."[225]

Selbst Griechenland zog sein Veto in Bezug auf die Hilfspakete zurück, weil deutlich wurde, dass die Verzögerungspolitik der EU der Entwicklung der Türkei nicht nützlich ist.[226] Auf diese Weise verbesserten sich die Beziehungen zu Europa in letzter Zeit erheblich.

Der Helsinki-Gipfel im Jahr 1999 erzielte einen Durchbruch in den Beziehungen zwischen der Türkei und der EU, denn vierzig Jahre nach der Antragstellung auf Assoziierung erhielt die Türkei beim Gipfeltreffen der EU-Staats- und Regierungschefs am 10./11.12.1999 in Helsinki den offiziellen Status eines Beitrittskandidaten zur Europäischen Union.[227] Durch die Entscheidung, die Türkei als Kandidaten anzuerkennen, konnte die politische Eiszeit, die seit dem Gipfel von Luxemburg 1997 angebrochen war, überwunden werden.[228] Die Türkei wurde zu einem beitrittswilligen Land ernannt, welches auf der Grundlage derselbe Kriterien, die auch für die übrigen Beitrittsländer gelten, Mitglied der Union werden soll.[229]

Der Europäische Rat begrüßt die jüngsten positiven Entwicklungen in der Türkei, die die Kommission in ihrem Sachstandsbericht festgehalten

---

1999). Istanbul 2000, S. 517. Oder auch siehe: Sebnem, Basdere, 2002, S. 37.

225 http://www.tcberlinbe.de/de/eu/geschichte.htm, 27.3.2003. Ayman, G: Spring Time in the Aegean, Private View, 2000; No. 8, 56-60. Fox, Özkan: The History of EU; Turkish Relations and the Prospect of Turkey`s Accession. Panel 128, Political Changes Facing Turkey, S. 5.

226 Önis; Z.: Greek-Turkish Relations and The Role of The European Union: Perpetuator of Conflict or Contributor to peace? 2002 (nicht veröffentlicht).

227 Europäischer Rat (Helsinki) 10. und 11. Dezember 1999; Schlussfolgerungen des Vorsitzes. Siehe auch unter: http://europa.eu.int/council/off/conclu/dec99/dec99_de.htm.

228 Faruk, Şen: Ist die Europäische Union bereit für den Beitritt der Türkei? Anlässlich der Sitzung des Parlamentarischen Forums Europäische Verfassung, 20.10.2004, Berlin.

229 Europäischer Rat (Helsinki) S. 4.

hat, sowie die Absicht der Türkei, die Reformen zur Erfüllung der Kopenhagener Kriterien fortzusetzen. Die Türkei ist ein beitrittswilliges Land, das auf der Grundlage derselben Kriterien, die auch für die übrigen beitrittswilligen Länder gelten, Mitglied der Union werden soll. Auf der Grundlage der derzeitigen europäischen Strategie soll der Türkei wie den anderen beitrittswilligen Ländern eine Heranführungsstrategie zugute kommt, die zu Reformen anregen und diese unterstützen soll. Hierzu gehört ein verstärkter politischer Dialog, dessen Schwerpunkt auf den Fortschritten liegen wird, die bei der Einhaltung der politischen Beitrittskriterien zu erzielen sind, und zwar insbesondere hinsichtlich der Frage der Menschenrechte sowie der unter Nummer 4 und unter Nummer 9 Buchstabe a genannten Fragen.[230]

Der Helsinki-Gipfel brachte der Türkei die gleiche Heranführungsstrategie wie den anderen Beitrittskandidaten, die in Nummer 4 und 9 genannten Probleme sollen abgeschafft werden. Nummer 4 lautet folgendermaßen:

Der Europäische Rat bestätigt erneut den umfassenden Charakter des Beitrittsprozesses, bei dem nunmehr dreizehn beitrittswillige Länder in einen einzigen Rahmen einbezogen werden. Die beitrittswilligen Länder nehmen gleichberechtigt am Beitrittsprozess teil. Sie müssen die in den Verträgen festgelegten Werte und Ziele der Europäischen Union teilen. Diesbezüglich hebt der Europäische Rat den Grundsatz einer friedlichen Lösung von Streitigkeiten gemäß der Charta der Vereinten Nationen hervor und fordert die beitrittswilligen Länder auf, alles daran zu setzen, etwaige ungelöste Grenzstreitigkeiten und andere damit zusammenhängende Fragen zu lösen.
Ist keine Lösung zu erreichen, sollten sie den Streitfall innerhalb einer angemessenen Frist dem Internationalen Gerichtshof vorlegen. Der Europäische Rat wird die Situation hinsichtlich ungelöster Streitfälle, insbesondere im Hinblick auf die Auswirkungen auf den Beitrittsprozess und mit dem Ziel, ihre Beilegung durch den Internationalen Gerichtshof zu fördern, spätestens Ende 2004 überprüfen. Darüber hinaus weist der Europäische Rat darauf hin, dass die Erfüllung der vom Europäischen Rat (Kopenhagen) festgelegten politischen Kriterien eine Voraussetzung für die Aufnahme von Beitrittsverhandlungen ist und dass die Erfüllung sämtlicher Kriterien von Kopenhagen die Grundlage für einen Beitritt zur Union ist.[231]

Die Nummer 9 ist dem Zypern-Konflikt gewidmet und zeigt auf, dass die Lösung des Problems den Beitritt der Türkei zur EU erleichtern würde.

---

230 Europäischer Rat (Helsinki), S. 4. Siehe auch: unter: http://europa.eu.int/council/off/conclu/dec99/dec99_de.htm.
231 Europäischer Rat (Helsinki) S. 4. Siehe auch: unter: http://europa.eu.int/council/off/conclu/dec99/dec99_de.htm.

Der Europäische Rat begrüßt es, dass am 3. Dezember in New York Gespräche mit dem Ziel einer umfassenden Lösung des Zypern-Problems aufgenommen wurden, und er bringt seine uneingeschränkte Unterstützung für die Bemühungen des VN-Generalsekretärs um einen erfolgreichen Abschluss des Prozesses zum Ausdruck.[232]

Der Luxemburg-Gipfel stellte viele Anforderungen an die Türkei, besonders das ägäische Problem mit Griechenland, die Menschenrechtsproblematik und das Zypernproblem boten Kritikpunkte. Der Helsinki-Gipfel schlug dagegen versöhnlichere Töne an. Die oben erwähnten Themen wurden nicht direkt angedeutet.[233]

Die Zeit nach dem Helsinki-Gipfel brachte für die Türkei eine neue Periode in den Beziehungen zur EU. Dabei wurde vereinbart, für die Türkei eine Heranführungsstrategie auszuarbeiten, welche die verschiedenen Formen der Heranführungshilfen der Europäischen Union in einer Beitrittspartnerschaft zusammenfasst. Diese sollte die Kopenhagener Kriterien in konkrete Maßnahmen übersetzen, die die Türkei zu ergreifen hätte, um die vorhandenen Mängel im politischen, rechtlichen und wirtschaftlichen Bereich zu beseitigen. Die Fortschritte der Türkei sollten in regelmäßigen Berichten der Kommission überprüft werden.

Im Dezember 2000 verabschiedete der Europäische Rat die erste Beitrittspartnerschaft mit der Türkei, welche am 8. März 2001 in Kraft trat. Damit wurde der Türkei ein Reformkatalog vorgelegt, den sie auf ihrem Weg in die EU zu erfüllen hätte. Außerdem wurde beschlossen, dass die türkische Regierung einen Zeitplan für die Umsetzung der Ziele der Beitrittspartnerschaft erstellen müsse. Am 19. Mai 2003 wurde die zweite Beitrittspartnerschaft mit der Türkei beschlossen.

---

232 Ebenda, S. 3.
233 Dagi, Ihsan: Insan Haklari, Küresel Siyaset ve Türkiye (Menschenrechte, globale Politik und die Türkei). Ankara 2000, S. 141.

7 Kopenhagener Kriterien und der Zypern-konflikt

7.1 Kopenhagener Kriterien

7.1.1 Die politische Lage der Türkei

7.1.1.1 Die Regierung

Die Regierung wird vom Ministerrat gebildet, der Ministerpräsident wird vom Staatspräsidenten ernannt. Er muss aus dem Kreis der Abgeordneten kommen, während dies für die übrigen Minister nicht zwingend ist.[234] Seit den ersten freien Wahlen zur Nationalversammlung (im Mai 1950), nach dem Übergang zum Mehrheitsparteiensystem, hat sich die durchschnittliche Amtsdauer der Regierung nicht wesentlich geändert, wohl aber der Grund für den Regierungswechsel: Jetzt zwang in der Regel der tatsächliche oder drohende Verlust der parlamentarischen Mehrheit dazu.[235] Ausnahmen bildeten die nach den Putschen von 1960, 1971 und 1980 vom Militär eingesetzten oder erzwungenen Regierungen – insgesamt sieben Kabinette mit einer addierten Amtszeit von 91 Monaten.[236]

Von den insgesamt 39 Regierungen, die seit 1950 amtierten, konnten sich nur die Kabinette von Adnan Menderes zwischen 1950 und 1960, die Kabinette von Süleyman Demirel zwischen 1965 und 1971 sowie die ANAP-Regierungen unter Turgut Özal, Yildirim Akbulut und Mesut Yilmaz zwischen 1983 und 1991 auf eine absolute Mehrheit in der Nationalversammlung stützen.[237] Zuletzt kam die AKP unter der Führung von Recep Tayyip Erdogan 2002 als alleinige Partei an die Macht. Ansonsten fanden sich Koalitionsregierungen und zwei Minderheitenkabinette.

---

234 http://www.bpb.de/publikationen/6TB989,2,0,Grundz%FCge_des_politischen_Systems.html, 26.7.2004.
235 Kramer, Heinz: Die Türkei und die Kopenhagener Kriterien. Die Europäische Union vor der Entscheidung, November 2002, Berlin, S. 13. Oder auch unter: http://www.swp-berlin.org/ common/get_document.php?id=626, 11.4.2004.
236 Kramer, Heinz: Die Türkei und die Kopenhagener Kriterien. Die Europäische Union vor der Entscheidung, November 2002, Berlin, S. 13. Oder auch unter: http://www.swp-berlin.org/ common/get_document.php?id=626, 12.4.2004.
237 Kramer, Heinz: Die Türkei und die Kopenhagener Kriterien. Die Europäische Union vor der Entscheidung, November 2002, Berlin S. 13. Oder auch unter: http://www.swp-berlin.org/ common/get_document.php?id=626, 11.4.2004.

Durch eine Zehn-Prozent-Klausel sollten kleine Koalitionsparteien verhindert und Stabilität erzielt werden. Diese Hürde konnte jedoch häufige Regierungswechsel bisher nicht verhindern. Wenn die Parteien nicht genügend Stimmen auf sich vereinen können, ist die Bildung einer Alleinregierung schwierig. Statt Stabilisierung gab es im Land ein Machtvakuum. Politische Entwicklungsschübe waren nur unter Regierungen möglich, die sich auf die absolute Mehrheit einer Partei stützen konnten. Alle Legislaturperioden von Koalitionsregierungen hingegen waren geprägt von politischen und sozialen Krisenerscheinungen oder von weitgehendem Stillstand der demokratischen Entwicklung.[238]

Die politische Kultur der türkischen Parteien trägt stark konfrontative und wenig konsensorientierte Züge. Koalitionen führen deshalb selten zu einem Elitekonsens, sondern eher zu einer von allen Beteiligten peinlich genau kontrollierten Machtteilung zwischen den Regierungspartnern.[239] In der Türkei konnten die Koalitionsregierungen nicht lange im Amt bleiben. Gründe dazu sind der Machtkampf zwischen den Parteien und ungleiche Machtverteilung in der Koalitionsregierung. So wird erfolgreiches Regieren in Koalitionen nahezu unmöglich gemacht, besonders dann, wenn die gemeinsame ideologische Basis der Koalitionspartner relativ schmal ist.[240] Dieser Befund ist im europäischen Kontext jedoch nicht außergewöhnlich, denn auch in anderen Ländern haben sich Koalitionsregierungen in der Regel nicht durch besondere Erfolge ausgezeichnet.[241]

Das zeigt die Notwendigkeit einer Reform des politischen Systems auf, damit es zu einer Stabilisierung der Regierungen und zu einer Verwirklichung der Ziele der Parteien kommen kann.

7.1.1.2 Parlament, Wahlen und Parteien

Die Türkei ist eine parlamentarische Demokratie. Die Große Türkische Nationalversammlung trifft als Parlament die Grundsatzentscheidungen, die den politischen, sozialen, wirtschaftlichen und rechtlichen Alltag des Staatslebens steuern.[242] Seit 1987 umfasst sie 550 Abgeordnete, die in der Regel für fünf Jahre gewählt werden. Schon vor Ablauf der fünfjährigen Legislaturperiode kann die Nationalversammlung Neuwahlen beschließen. Die Wahlen von 1991, 1995, 1999 und 2002 fanden vorzeitig statt.[243]

---

238 Kramer, Heinz: Die Türkei und die Kopenhagener Kriterien. Die Europäische Union vor der Entscheidung, November 2002, Berlin S. 13. Oder auch unter: http://www.swp-berlin.org/common/get_document.php?id=626, 11.4.2004.

239 Ebenda, 11.4.2004.

240 Ebenda, 11.4.2004.

241 Ebenda, 11.4.2004.

242 http://www.bpb.de/publikationen/6TB989,2,0,Grundz%FCge_des_politischen_Systems.html, 26.7.2004.

243 Ebenda, 26.7.2004.

Der Präsident ist der Ort, an dem „der Staat" sichtbar wird. In seiner Hand konzentriert sich die Macht – symbolisch und tatsächlich. Er wird vom Parlament, der Großen Nationalversammlung, für die Dauer von sieben Jahren (nur eine Amtsdauer) gewählt. In den ersten beiden Wahlgängen wird eine 2/3-Mehrheit verlangt, im dritten Wahlgang eine einfache.[244] Der Präsident ernennt den Ministerpräsidenten (Chef der Mehrheitspartei) und auf Vorschlag des Ministerpräsidenten die Minister, er kann aber Personen ablehnen. Er kann auch den Vorsitz im Ministerrat übernehmen. Der Präsident erklärt in Absprache mit der Regierung den Notstand oder das Kriegsrecht.[245] Er ernennt die höchsten Richter und die Universitätspräsidenten. Falls eine Regierung nicht mehr die Unterstützung des Parlaments hat oder einem ernannten Premier das Vertrauen verweigert, kann der Präsident das Parlament auflösen und Neuwahlen binnen 45 Tagen ansetzen.[246] Auch kann der Präsident sein Veto gegen vom Parlament verabschiedete Gesetze einlegen.[247] Es liegt ein Ein-Kammer-System vor, eine Vertretung der 81 Provinzen gibt es nicht. Das Wahlalter beträgt 18 Jahre.

Atatürk, der Staatsgründer, versuchte gleich zu Beginn, ein Mehrparteiensystem einzuführen. Aber die Republik war ganz jung, die Institutionen noch nicht genau geordnet. Die einzige Partei, die „Republikanische Volkspartei", deren Gründer Atatürk war, hielt sich bis 1950 allein an der Macht. Nach den Wahlen von 1950 übernahm diese eine neue Partei unter der Führung von Adnan Menderes. Damit wurde endlich das Mehrparteiensystem verwirklicht. Die Abgeordneten des türkischen Parlaments, der Großen Nationalversammlung, werden seit 1950 durch allgemeine, freie und geheime Wahlen auf der Grundlage eines Mehrparteiensystems bestimmt.[248] Zweimal hat das Militär seitdem durch einen Putsch die Nationalversammlung aufgelöst und das parlamentarische Regierungssystem vorübergehend aufgehoben: 1960 und 1980.[249]

Das tat die Junta jedoch beide Male mit der erklärten Absicht, zum Parlamentarismus zurückzukehren, was mit den Wahlen von 1961 bzw. 1983 auch geschah.[250] Nach dem Militärputsch im Jahr 1980 begann die Rückkehr zur

244 http://www.turkdunya.de/de/tuerkei/verschiedenes/sehe.php3?site=parteiensystem, 5.4.2003, oder auch unter http://www.lpb.bwue.de/aktuell/bis/1_00/tuerkei05.htm, 13.12.2004.
245 Ebenda, 5.4.2003. Dazu siehe auch unter: http://www.tuerkischebotschaft.de/de/turkei/politik. htm, 12.6.2004.
246 Ebenda, 5.4.2003.
247 Ebenda, 5.4.2003. Dazu siehe auch unter: http://www.tuerkischebotschaft.de/de/turkei/politik. htm, 12.6.2004.
248 Kramer, Heinz: Die Türkei und die Kopenhagener Kriterien. Die Europäische Union vor der Entscheidung, November 2002, Berlin S. 13. Oder auch unter: http://www.swp-berlin.org/ common/get_document.php?id=626, 11.4.2004.
249 William, Hale: Turkish Politics and The Military. London 1994, S. 120. Oder auch unter: http://www.swp-berlin.org/common/get_document.php?id=626, 11.4.2004.
250 Kramer, Heinz: Die Türkei und die Kopenhagener Kriterien. Die Europäische Union vor der Entscheidung, November 2002, Berlin S. 13. Dazu siehe auch: Jenkins, Gareth: Context and Circumstance: The Turkish Military and Politics. Oxford u.a. 2001, S. 58.

Demokratie mit Özals ANAP (Mutterlandspartei). Die Zeit nach 1983 war von heftigen Bewegungen in der Parteienlandschaft gekennzeichnet, es bildete sich ein Mehrparteiensystem heraus.[251]

Die Sozialdemokratie erlebte eine mehrfache Metamorphose: Zum einen vereinigten sich zwei als sozialdemokratische Parteien gegründete Gruppierungen zur „Sozialdemokratischen Volkspartei", die ihrerseits 1995 in der CHP aufging. Abspaltungen hieraus führten unter Bülent Ecevit zur Gründung der „Partei der Demokratischen Linken" (DSP), die von 1999 bis zu den Wahlen 2002 als einzige sozialdemokratische Partei im Parlament vertreten war und nicht frei von „nationalistischen" Zügen ist.[252] Nach dem Verbot der ehemaligen Gerechtigkeitspartei gründete Süleyman Demirel die „Partei des Rechten Weges" (DYP).

Nach Abschaffung des Verbots der politischen Betätigung von Süleyman Demirel erfuhr die Partei unter seiner Führung Aufschwung. Aus der MCP (Partei der Nationalen Arbeit) gründete Alparslan Türkes (ehemaliger nationalistischer Führer dieser Partei) die MHP (Partei der Nationalen Bewegung). Zu Beginn der neunziger Jahre setzten alte politische Führer unter dem Schild einer neuen Partei ihren politischen Weg fort. Nur der im Jahr 1983 von Turgut Özal gegründeten „Mutterlandspartei" (ANAP) gelang es, bemerkenswerte politische Erfolge zu erzielen, eine Entwicklung, die sich auch unter Führung von Mesut Yilmaz fortsetzte, während andere Parteien nach den Wahlen im Jahr 2002 unter der Zehn-Prozent-Hürde blieben. Bis Ende der sechziger Jahre hatte innerhalb eines Zweiparteiensystems das klassische Rechts-Links-Schema Bestand.

Von 1973 bis 1991 kristallisierten sich bei einem relativ stabilen Wahlverhalten drei Blöcke heraus: die Mitte-Rechts-Parteien (50-55 Prozent), die Mitte-Links-Parteien (30-33 Prozent) sowie die islamistischen und nationalistischen Parteien, die von 1965 bis 1991 ihren Anteil von acht auf 17 Prozent verdoppelten.[253] Die Kommunalwahlen von 1994 und die Parlamentswahlen von 1995 beendeten die Periode der drei stabilen Blöcke – nicht zuletzt, weil den traditionellen Parteien immer weniger zugetraut wurde, die drängenden wirtschaftlichen Probleme zu lösen und den schwerfälligen, stark zentralisierten Staatsapparat zu modernisieren.[254]

Die Mitte-Rechts-Parteien büßten von 1983 bis 1995 über 15 Prozentpunkte ein und landeten bei 39 Prozent, die Mitte-Links-Parteien fielen um sieben auf 25 Prozent, die Islamistische Wohlfahrtspartei steigerte von 1983 bis 1995 ihren Stimmenanteil indessen von vier auf 21 Prozent.[255] Mitte der neunziger Jahre

---

251 http://www.bpb.de/publikationen/6TB989,2,0,Grundz%FCge_des_politischen_Systems.html, 14.10.2004.
252 http://www.bpb.de/publikationen/6TB989,2,0,Grundz%FCge_des_politischen_Systems.html, 14.10.2004.
253 Ebenda, 14.10.2004.
254 Ebenda, 14.10.2004.
255 Ebenda, 14.10.2004.

besetzten jeweils zwei Parteien die drei traditionellen Blöcke konservativ, links und rechts/islamistisch. Beim Coup von 1971 erzwang das Militär den Rücktritt der Regierung Demirel durch ein Memorandum und die neue Wahl einer dem Militär genehmen überparteilichen Regierung durch das Parlament.[256] Ein ähnliches Vorgehen legte die Militärführung 1997 an den Tag, als sie nach entsprechenden politischen Vorwarnungen eine öffentliche Kampagne gegen die Koalition Erbakan/Ciller initiierte und sie durch den ersten islamistischen Ministerpräsidenten der modernen Türkei zu Fall brachte.[257]

Anders als 1971 wurde die Regierung dieses Mal durch ein parlamentarisch gebildetes Kabinett unter Führung des Vorsitzenden der Mutterlandspartei (ANAP), Mesut Yilmaz, abgelöst.[258] Nach den Wahlen von Mai 1999 gelangten fünf Parteien in die Nationale Versammlung, von denen allerdings keine mehr als 22 Prozent der Wählerstimmen für sich gewinnen konnte.[259] Von einer eindeutigen Machtverteilung konnte nicht gesprochen werden, aber zwei Parteien kamen mit großer Mehrheit an die Spitze: die DSP und die MHP. Sie bildeten mit der ANAP eine Koalitionsregierung, die allerdings wenig erfolgreich agierte. Korruptionsprobleme traten auf, im Land entstand ein Machtvakuum. Die Türkei erlebte mit dieser Regierung ihre erste schwere Wirtschaftskrise im 21. Jahrhundert.

Die Konzentration auf ein Zwei-Parteien-Parlament als Ergebnis der jüngsten Wahlen am 3. November 2002 lässt sich auf besondere Umstände zurückführen, vor allem auf den öffentlichen Unmut wegen der vorherrschenden Korruption und wegen des Versagens führender Politiker. Es ist keineswegs sicher, dass sich dieser Konzentrationseffekt auch bei den nächsten Wahlen wieder einstellt.[260] Untersuchungen zeigen, dass Korruption nicht nur im öffentlichen Sektor weit verbreitet ist, sondern häufig auch in Parteien oder zumindest bei wichtigen Parteipolitikern auftritt.[261] In den letzten Jahren sind Korruptionsvorwürfe gegen prominente (Ex-)Politiker bis hin zum amtierenden stellvertretenden Ministerpräsidenten Mesut Yilmaz (ehemaliger Parteichef der Mutterlandspartei) und zu

256 Kramer, Heinz: Die Türkei und die Kopenhagener Kriterien. Die Europäische Union vor der Entscheidung, November 2002, Berlin, S. 13. Oder auch unter: http://www.swp-berlin.org/common/get_document.php?id=626, 11.4.2004.

257 Ebenda, 11.4.2004. Oder auch unter: http://www.lpb.bwue.de/aktuell/bis/1_00/tuerkei03.htm, 23.9.2004.

258 William, Hale, London 1994, S. 254. Siehe auch:, Kramer, Heinz, Berlin 2002, S. 15.

259 Heper, Metin: The State Tradition in Turkey. Walkington, 1985, S. 23. Oder siehe auch unter: Kramer, Heinz, Berlin, 2002, S. 15.

260 Goltz, Gabriel/Kramer, Heinz: Politischer Erdrutsch bei den Wahlen in der Türkei. Berlin, Stiftung Wissenschaft und Politik, November 2002, S. 48. Siehe auch unter: http://www.swp-berlin.org/common/get_document.php?id=626, 11.4.2004.

261 Yoldas Yunus: Verwaltung und Moral in der Türkei. Frankfurt a. M./Berlin u.a. 2000, Europäische Hochschüler Schriften, Reihe 31, Politikwissenschaft, Bd. 405. Siehe auch: Kramer, Heinz, Berlin 2002, S. 16.

einigen Ministern, die auch zur MHP (Nationalistische Volkspartei) gehören, aufgetaucht. Türkische Parteien sind, mit Ausnahme der religiös-konservativen Gerechtigkeits- und Entwicklungspartei (AKP) und ihrer verbotenen islamistischen Vorläuferinnen, Tugendpartei (FP) und Wohlfahrtspartei (RP), organisatorisch in der Bevölkerung kaum verankert, die Mitgliedschaft in der Partei ist in der Regel eher Ausdruck für lockere Anhängerschaft oder Sympathie statt Ausweis politisch definierter organisatorischer Bildung.[262]

Das Erbe der „Islamischen Heilspartei" trat, wieder unter Necmettin Erbakan, die „Wohlfahrtspartei" an. Diese wurde 1998 durch das Verfassungsgericht verboten, aber sogleich durch die „Tugendpartei" unter neuer Führung ersetzt, bis diese im Juni 2001 ebenfalls verboten wurde. Damit spaltete sich die islamistische Bewegung in der Türkei. Die traditionelle Linie wird von der „Partei der Glückseligkeit" (*Saadet Partisi*, SP) fortgesetzt; an ihrer Seite entstand die „Partei für Gerechtigkeit und Entwicklung" (AKP), die unter Recep Tayyıp Erdoğan einen modernistischen und demokratischen Islam im Rahmen eines säkularen Systems zu vertreten verspricht.[263]

Das Versagen der Koalition, insbesondere die wirtschaftliche Situation des Landes nachhaltig zu verbessern, führte bei den Wahlen vom 3. November 2002 wiederum zu einem dramatischen Umschwung des Wählerverhaltens: Mit 34,4 Prozent der Stimmen konnten die gemäßigten Islamisten unter Recep Tayyıp Erdoğan nahezu zwei Drittel der Sitze (363) erobern. Gegenüber der modernen Richtung des ehemaligen Istanbuler Oberbürgermeisters verlor der konservative Flügel der islamistischen Bewegung, für den jahrzehntelang der Name Necmettin Erbakan gestanden hatte, an Bedeutung.[264]

---

262 Kramer, Heinz, Berlin 2002, S. 14. Dazu siehe auch: Ilter, Turan: The Oligarchic Leadership of Turkish Political Parties. Origins, Evolution, Institutionalization and Consequences. Istanbul (Koc University Working Paper), No. 19/1995.

263 http://www.bpb.de/publikationen/6TB989,2,0,Grundz%FCge_des_politischen_Systems.html, 14.10.2004. Siehe auch: Steinbach, Udo: Geschichte der Türkei. München 2000, S. 87.

264 Ebenda, 14.10.2004.

Tabelle 3[265]: Wahlergebnisse von 1991 bis 2002

Parteien	1991	1995	1999	2002
DYP (Partei des Rechten Wegs)	27,03	19,19	12,01	9,54
ANAP (Mutterlandspartei)	24,01	19,65	13,22	5,13
DSP (Demokratische Linkspartei)	10,75	14,64	22,19	1,22
SHP/CHP (Sozialistisch/Republikanische Volkspartei)	20,75	10,71	8,71	19,39
MHP (Nationalistische Bewegungspartei)	--, --*	8,18	17,98	8,36
RP/FP/SP** (Wohlstandspartei/-Tugendpartei/Glückseligkeitspartei	16,88	21,38	15,41	2,49
AKP (Gerechtigkeits- und Entwicklungspartei)	--, --	--, --	--, --	34,28

* 1991 war die MHP eine Wahlgemeinschaft mit der RP eingegangen.
** Nach dem Verbot der FP spaltete sich die islamistische Bewegung 2001 in die SP und die AKP.[266]

Mit den Wahlen vom 3. November 2002 brachte das türkische Volk seine Unzufriedenheit mit dem Status quo und seinen Wunsch zur Beschleunigung des Wandels sehr klar zum Ausdruck.[267] Die neue regierende Partei, die AKP, eine Mitte-Rechts-Partei, wiederum machte ihr Bekenntnis zu Reformen deutlich und erklärte es zu ihrem Ziel, die politischen Kriterien der EU von Kopenhagen zu erfüllen, um den Weg für die Aufnahme von Beitrittsverhandlungen mit der Union zu ebnen.

Die Oppositionspartei, die Republikanische Volkspartei, eine Mitte-Links-Partei, unterstützt das Bekenntnis der Regierung zum Beitrittsprozess der Türkei zur EU.[268]

---

265 Leggewie, Claus: Die Türkei und Europa. Die Positionen. Frankfurt am Main 2004, S. 299. Oder auch unter: http://www.aillyacum.de/Dt/Wahlen-Europa/TR/default.html, 10.4.2003. Oder siehe auch: Kramer, Heinz, Berlin 2002, S. 17.
266 Heinz, Kramer, Berlin 2002, S. 17.
267 Republik Türkei; Ministerium für Auswärtige Angelegenheiten, Generalsekretariat für EU-Angelegenheiten: Politische Reformen in der Türkei. März 2004, S. 2.
268 Republik Türkei, S. 2.

Der Kopenhagener Gipfel der EU von Dezember 2002 vertagte die Entscheidung über die Eröffnung von Beitrittsverhandlungen bis zum EU-Gipfel im Dezember 2004. Die neue Regierung verfolgte ihr Bekenntnis zu Reformen mit der Unterstützung der Oppositionspartei, der Wirtschaft, der Hochschulen, der Zivilgesellschaft und der Öffentlichkeit, die mit großer Mehrheit für den Beitritt zur EU ist.

7.1.2 Politische Kriterien

Anders als bei den meisten anderen Beitrittskandidaten hat die Debatte über die Erfüllung der politischen Kriterien von Kopenhagen im Fall der Türkei historische Vorläufer. Spätestens seit dem dritten Militärputsch von 1980 werden die politischen Verhältnisse in der Türkei von der EU und ihren Institutionen kritisiert.[269] Bemängelt werden vor allem ein unzureichender Reifegrad der türkischen Demokratie, Verletzungen von Menschenrechten und Vereinigungsfreiheit, die Anwendung von Folter und Gewalt durch staatliche Ordnungsorgane sowie die Unterdrückung jeglicher Versuche, die Interessen der Minderheiten zu Geltung zu bringen.[270]

Die europäische Diskussion über den Umgang mit der Türkei unterlag politischen Schwankungen, die unter anderem verhindert haben, dass die EU einen eindeutigen Maßnahmenkatalog entwickelt hat, an dessen Realisierung sie Fortschritte der Türkei auf dem Weg zu einer europäischen Demokratie messen könnte.[271] Die folgenden Überlegungen versuchen, der konzeptionellen Unschärfe der Kriterien wenigstens ansatzweise durch Ziehen von Konturen abzuhelfen und so der politischen Debatte über deren Erfüllung oder Nicht-Erfüllung einen objektiveren Rahmen zu geben.[272] Konkret sollen die Zustände in der Türkei und einzelne Maßnahmen seit dem Beschluss von Helsinki daraufhin überprüft werden, ob die Türkei im Sinne der Kopenhagener Kriterien näher an Europa herangerückt ist. Dabei kann für ein besseres Verständnis der dargestellten Entwicklung nicht darauf verzichtet werden, in der gebotenen Kürze auf strukturelle Hintergründe der türkischen Verhältnisse einzugehen.

---

269 Kramer, Heinz: Die Türkei und die Kopenhagener Kriterien, Die Europäische Union vor der Entscheidung. November 2002, Berlin, S. 13. Oder auch unter: http://www.swp-berlin. org/common/get_document.php?id=626, 13.3.2004.

270 Ebenda, S. 13. Oder unter: Ugur, Mehmet: The European Union and Turkey. An Anchor/ Credibility Dilemma. Aldershot u.a. 1999, S. 21.

271 SWP Studie: Die Türkei und die Kopenhagener Kriterien. Die Europäische Union vor der Entscheidung. November 2002, Berlin, S. 13.

272 Kramer, Heinz: Die Türkei und die Kopenhagener Kriterien. Die Europäische Union vor der Entscheidung. November 2002, Berlin S. 13; Oder auch unter: http://www.swp-berlin. org/common/get_document.php?id=626, 11.4.2004.

7.1.2.1 Demokratie und Rechtsstaatlichkeit

Ein vom Europäischen Rat in Kopenhagen formuliertes Erfordernis umfasst Demokratie und Rechtsstaatlichkeit.[273] Jeder Mitgliedstaat bekennt sich gemäß Absatz 3 der EUV-Präambel zu den Grundsätzen der Demokratie. Ein anderes vom Europäischen Rat in Kopenhagen formuliertes Erfordernis für einen Beitritt ist das Bestehen einer rechtsstaatlichen Ordnung.[274] Dieses Kriterium ist ein unmittelbarer Ausfluss des Umstands, dass die EU selbst eine auf Recht gegründete und dem Recht verpflichtete politische Organisation ist.[275] Am 8. April 1978 wurde die Demokratieerklärung des Europäischen Rates von Kopenhagen ausgesprochen. Aus dieser geht hervor, dass wesentliches Element der Zugehörigkeit zur Union eine demokratische und rechtsstaatliche Regierungsform eines Staates ist und im Rahmen dieser eine pluralistische Demokratie möglich sein muss.[276] Am 18.1.1979 kam es zu einer Erweiterung mit dem Inhalt, dass die Nicht-Achtung der Grundsätze der bürgerlichen und politischen Rechte sowie der pluralistischen Demokratie mit der Mitgliedschaft in der Gemeinschaft nicht vereinbar sei.[277] Das bedeutet, dass die demokratisch-rechtsstaatliche Regierungsform eines Staates zum Zeitpunkt des Beitrittes bereits gegeben sein muss.[278] Im Folgenden möchte ich einige Definitionen von Demokratie aufzeigen, denn Demokratie lässt sich nicht in einer einzigen handfesten Definition verdichten.

Die existierenden Definitionsversuche beinhalten folgende Kriterien: Volkssouveränität, Mehrheitsherrschaft, Gleichheit, Toleranz, Partizipation, Herrschaftslimitierung/-kontrolle, Gewaltenteilung, Grundrechte, allgemeine Wahlen, Rechts- und Sozialstaatlichkeit, Öffentlichkeit, Meinungswettbewerb, Pluralismus.[279] Daraus lässt sich ableiten, dass Demokratie in ihrem Wesen zunächst ein normatives Ideal ist, das der alltäglichen Umsetzung in der Gesellschaft bedarf.

Nach unserem Wissen erscheint eine völlige Verwirklichung der demokratischen Ideale und Normen unmöglich. Sie ist aber anzustreben und in der Beurteilung politischen Systemen zugrunde zu legen. Eine solche analytische Betrachtung ermöglicht es aber auch, pragmatische positive und negative Entwicklungen im Sinne einer Demokratisierung zu beschreiben. Die demokratischen Ideale und Normen sowie ihre Anwendung in der Praxis kommen in den Ländern unterschiedlich zum Ausdruck.[280]

---

273 Kramer, Heinz: Die Türkei und die Kopenhagener Kriterien. Die Europäische Union vor der Entscheidung. 2002, Berlin, S. 23.
274 Kramer, Heinz, S. 20.
275 Kramer, Heinz, S. 24.
276 Strohmaier, Barbara: Ethische und religiöse Pluralität in der Türkei. Wien; Mai 2001, S. 20.
277 Strohmaier, Barbara, S. 20.
278 Richter, Pascal: Die Erweiterung der Europäischen Union. Unter besonderer Berücksichtigung der Beitrittsbedingungen. Baden-Baden 1997, S. 70.
279 Nohlen Dieter: Wörterbuch Staat und Politik. Bundeszentrale für politische Bildung; Bonn 1993, S. 70.
280 Bozkurt, Mahmut, S. 151.

Die Anwendung des rechtsstaatlichen demokratischen Systems ließ in der Türkei nach dem Militärputsch im Jahr 1980 zu wünschen übrig. Im Laufe der Zeit beseitigten die demokratisch gewählten Regierungen diese Mängel. Dadurch hat die Demokratisierung in der Türkei v. a. in der letzten Zeit große Fortschritte erzielt. Heute funktionieren alle demokratischen Institutionen des Systems. In der Türkei existiert entsprechend ihrer sozioökonomischen Situation eine parlamentarische Demokratie, die alle Charakterzüge des westlichen Wertesystems beinhaltet. Besonders mit der AKP-Regierung verwirklichte das Land wichtige Schritte hin in Richtung Demokratie und Rechtsstaatlichkeit.

Die derzeit gültige Verfassung der Türkei ist jene, die 1982 verabschiedet wurde.[281] Sie beinhaltet eine äußerst streng ausgerichtete Ausarbeitung und ist unter dem Blickwinkel der Geschehnisse davor zu sehen. In der stark politisierten Zivilbevölkerung war es zu bürgerkriegsähnlichen Zuständen gekommen, in der sich sowohl radikale Links- als auch Rechtsgruppierungen formiert hatten.[282]

In dieser Situation galt es, mit der Verabschiedung einer Verfassung die Einheit des türkischen Staates wiederherzustellen. Hauptaugenmerk wurde daher mehr als in den beiden vorangegangenen Verfassungen auf das kemalistische Prinzip des Nationalismus gelegt, welches sich in der Präambel der unmittelbaren Einheit von Staatsgebiet und Staatsvolk äußert. Artikel 2 dieser Verfassung postuliert, dass die Türkei ein demokratischer, laizistischer und sozialer Rechtsstaat[283] ist. Natürlich gibt es auch in der Türkei – wie überall – eine Reihe von Widersprüchen zwischen der verfassungsmäßigen Rechtsstaatlichkeit und der rechtsstaatlichen Wirklichkeit.[284] Die Verfassung verlangte nach einer Neugestaltung, wie auch der heutige Bundespräsident Ahmet Necdet Sezer im Jahr 2000 sagte, dass in der Verfassung tief greifende Reformen nötig seien, damit in der Türkei der Staat dem Bürger diene und nicht umgekehrt.[285]

Um die Kopenhagen Kriterien zu erfüllen und dem türkischen Volk das verdiente Demokratie- und Rechtsstaatprinzip zu verwirklichen, begann die AKP-Regierung mit einer Serie unglaublicher Reformen und ungebremster EU-Beitrittsdynamik,[286] denn das Land hatte hin in Richtung Europäische Union bereits viel Zeit verloren. Die Türkei zeigte der ganzen Welt, dass sie ein EU-würdiges Land ist. Dieses Ausbalancieren verschiedener widerstreitender politischer Kräfte macht sich auch in der Beitrittspolitik der Türkei bemerkbar.[287]

Die Verabschiedung eines Gesetzes im Parlament bedeutet selbstverständlich nicht gleich die Verwirklichung von Demokratie und Rechtsstaatlichkeit,

281 http://infos.aus-germanien.de/Politisches_System_der_T%C3%BCrkei#Verfassung, 11.5.2003.
282 Strohmaier, Barbara, S. 21.
283 Türkische Verfassung, Art. 2.
284 Kramer; Heinz, S. 23.
285 Neue Züricher Zeitung, 12.9.00, S. 3.
286 Leggewie, Claus, S. 299.
287 Leggewie, Claus, S. 299.

allerdings ist es meiner Meinung nach durchaus ein Anfang, um ein funktio-
nierendes Rechtsstaatsystem zu realisieren. Jeder weiß, dass es schwieriger ist zu
beginnen als zu beenden. Deswegen hat die türkische Regierung in der letzten
Zeit besondere Anstrengungen unternommen, um von der EU nicht vor der Tür
stehen gelassen zu werden. Die verwirklichten Reformen lassen sich in zwei
Bereiche unterteilen – die Exekutive und das Justizwesen.

Aktuelle Änderungen innerhalb der Exekutive
Die Monitoring-Gruppe für die Reformen, die sich aus dem Außen-, dem Justiz-
und dem Innenminister sowie aus hochrangigen Beamten zusammensetzt, wurde
von der Regierung im September 2003 mit dem Ziel eingesetzt, die effektive
Umsetzung der Reformen zu gewährleisten.[288]
   Auf ihren Treffen am 18. September, 28. Oktober und 25. Dezember 2003
sowie am 27. Februar, 24. Mai und 19. Juli 2004 bewertete die Gruppe die bis
dahin im Hinblick auf die Umsetzung unternommenen Schritte, diskutierte
bestimmte Themen, die weitere Aufmerksamkeit verlangen, und traf Entscheidungen, die die schnelle und effektive Umsetzung sicherstellen.[289]
Die Umsetzung der Reformen wird weiterhin ein ständiges Thema auf der
Tagesordnung des Ministerrates sein. Auf seinem Treffen am 8. Dezember 2003
entschied der Rat, den Staatsminister und Vize-Ministerpräsidenten Mehmet Ali
Şahin zu beauftragen, dem Rat wöchentlich über den Stand der Gesetzesentwürfe
im Hinblick auf die Verpflichtungen aus dem Nationalen Programm zu
berichten.
   – Die Gesetze über die öffentliche Verwaltung, die Gemeinde-, Stadt- und
Provinzverwaltungen wurden vom Parlament im Juni und Juli angenommen. Die
Gesetze zielen auf die Dezentralisierung mit Blick auf die Steigerung der Effizienz und Effektivität der öffentlichen Verwaltung sowie auf das verstärkte Eingehen und die wachsende Einbeziehung der Bürger durch die öffentliche Verwaltung ab.[290]
   – Das Gesetz über die Verwaltung und die Kontrolle der öffentlichen
Finanzen wurde vom Parlament am 10. Dezember 2003 angenommen und am
24. Dezember 2003 im Amtsblatt veröffentlicht.[291] In Einklang mit dem Gesetz
werden im Jahr 2005 die Finanzmittel in das Budget der betreffenden Verwaltung einbezogen und am Ende des Jahres 2007 aufgelöst.

---

288 http://www.tuerkischebotschaft.de/de/eu/2004_03_19_Politische_Kriterien.pdf, 10.8.2004.
289 http://www.tuerkischebotschaft.de/de/eu/2004_03_19_Politische_Kriterien.pdf, 10.8.2004. Oder
     unter KAS/Auslands-Informationen 9/04, Berlin, S. 43. Oder unter http://www.kas.de. Auch un-
     ter: http://www.tcberlinbe.de/de/archiv/2003/Inoffizielle%20Zusammenfassung.pdf, 12.9.2004.
290 http://www.tuerkischebotschaft.de/de/eu/2004_03_19_Politische_Kriterien.pdf, 10.8.2004. Oder
     unter KAS/Auslands-Informationen 9/04, Berlin, S. 43. Oder unter http://www.kas.de.
291 http://www.diplomatischerbeobachter.com/news_read.asp?id=47, 18.7.2004.

– Das Gesetz, welches einige Bestimmungen des Gesetzes über den Nationalen Sicherheitsrat und sein Generalsekretariat aufhebt, wurde vom Parlament am 10. Dezember 2003 verabschiedet und trat am 17. Dezember 2003 in Kraft.[292] Auf diese Weise wurden die Bestimmungen betreffend die Vertraulichkeit der Verordnung und bezüglich des Personals des Generalsekretariats aufgehoben. Die Funktion des Nationalen Sicherheitsrates wurde auf die eines beratenden Gremiums und die des Generalsekretariats des Nationalen Sicherheitsrates auf die eines Sekretariats begrenzt. Auch Zivilisten können nun Generalsekretär des Sekretariats des Nationalen Sicherheitsrates werden. Am 17. August 2004 wurde der Botschafter der Republik Türkei in Athen, Herr Yigit Alpogan, zum ersten „zivilen" Generalsekretär des Generalsekretariats des Nationalen Sicherheitsrates ernannt.[293]

– Die Verordnung über das Generalsekretariat des Nationalen Sicherheitsrates wurde im Amtsblatt am 8. Januar 2004 veröffentlicht. Die Verordnung über die Einhaltung der Anforderungen des Parlamentspräsidenten bei der Rechnungsprüfung durch den Rechnungshof und die Verordnung über die Verfahren und die Grundsätze der Beschäftigung von externen Experten wurden im Amtsblatt am 6. Februar 2004 veröffentlicht. Die Vorarbeiten, die vom Verteidigungsministerium bezüglich der zu erlassenden Verordnung im Hinblick auf die Rechnungskontrolle von Staatseigentum im Besitz des Militärs unternommen wurden, sind im Gang.[294]

Durch die Verfassungsänderung, die vom Parlament am 7. Mai 2004 verabschiedet wurde, wurde der Artikel 131 der Verfassung mit dem Titel „Übergeordnete Hochschuleinrichtungen" geändert.[295] In diesem Zusammenhang wurde die Formulierung *„der Chef des Generalstabes"* aus dem Text des Artikels gestrichen. Infolgedessen gibt es in diesem Gremium kein Mitglied mehr, das vom Chef des Generalstabes ausgewählt worden ist.[296] Artikel 160 der Verfassung mit dem Titel „Der Rechnungshof" wurde geändert. Der letzte Absatz des Artikels, der lautete

„Das Verfahren der Rechnungsprüfung im Auftrag der Großen Nationalversammlung für Staatseigentum im Besitz der Streitkräfte soll durch ein Gesetz in Einklang mit den Grundsätzen der notwendigen Geheimhaltung der Landesverteidigung geregelt werden."

---

292 http://www.diplomatischerbeobachter.com/news_read.asp?id=47, 18.7.2004. Oder unter: http://www.tuerkischebotschaft.de/de/eu/2004_03_19_Politische_Kriterien.pdf, 10.8.2004.
293 http://www.hurriyetim.com.tr, 17.8.2004.
294 http://www.tuerkischebotschaft.de/de/eu/2004_03_19_Politische_Kriterien.pdf, 10.8.2004. Oder unter KAS/Auslands-Informationen 9/04, Berlin, S. 43. Oder unter http://www.kas.de.
295 http://www.tuerkischebotschaft.de/de/eu/2004_03_19_Politische_Kriterien.pdf, 10.8.2004.
296 http://www.tuerkischebotschaft.de/de/eu/2004_03_19_Politische_Kriterien.pdf, 10.10.2004.

wurde aus dem Text des Artikels mit Blick auf die Sicherstellung der Transparenz in der Rechnungsprüfung von Staatseigentum im Besitz der Streitkräfte gestrichen.

Das Gesetz, das die Todesstrafe abschaffte und zahlreiche Gesetze änderte, auch bekannt als das wichtigste Harmonisierungspaket, wurde vom Parlament am 14. Juli 2004 verabschiedet.[297] In diesem Zusammenhang wurde mit der Änderung des Gesetzes über das Hochschulwesen die Bestimmung, die es ermöglichte, ein Mitglied des Hochschulrates durch den Generalstab auszuwählen, aufgehoben.

Mit der Änderung des Gesetzes über die Errichtung von Radio- und Fernsehunternehmen und deren Sendungen wurde die Bestimmung, die die Nominierung eines Mitgliedes der Obersten Aufsichtsbehörde für Radio und Fernsehen durch das Generalsekretariat des Nationalen Sicherheitsrates ermöglichte, abgeschafft.

Mit der Änderung des Gesetzes über drahtlose Kommunikation wurde die Bestimmung bezüglich der Mitgliedschaft des Generalsekretärs des Nationalen Sicherheitsrates im Hohen Kommunikationsrat aufgehoben.

Mit der Änderung des Gesetzes über den Schutz von Minderjährigen vor schädlichen Publikationen wurde die Bestimmung, die es ermöglichte, ein Mitglied der zuständigen Behörde durch den Nationalen Sicherheitsrat auszuwählen, abgeschafft.

Aktuelle Änderungen innerhalb des Justizwesens

Das Justizministerium gab am 29. September 2003 ein Rundschreiben bezüglich der Durchführung von Vorermittlungen durch die Staatsanwaltschaft heraus. Das Ministerium wies darin alle Staatsanwälte, einschließlich die der Staatssicherheitsgerichte, an, die Ermittlungen selbst durchzuführen, anstatt diese auf die Polizei oder die Gendarmerie zu übertragen. Dies gilt im Besonderen für diejenigen, die von der vorbereitenden Stufe an unter die Zuständigkeit der Strafgerichte fallen.

– Die Gesetzesänderung zum Gesetz über die Einrichtung, die Aufgaben und die Verfahrensordnung der Jugendgerichte wurde vom Parlament am 7. Januar 2004 angenommen und trat am 13. Januar 2004 in Kraft. Mit dieser Änderung sollen in Bezirken mit mehr als 100.000 Einwohnern Jugendgerichte in den Hauptgemeinden eingerichtet werden.[298]

– Der Gesetzesentwurf über die Errichtung von Oberlandesgerichten, der Entwurf des Strafgesetzbuches, der Entwurf der Strafprozessordnung und der Gesetzesentwurf über die Strafvollstreckung werden gegenwärtig im Parlament beraten. Durch die Verfassungsänderung vom 7. Mai 2004 wurde der Artikel 143

---

297 http://www.tuerkischebotschaft.de/de/eu/2004_03_19_Politische_Kriterien.pdf, 10.08.2004.
298 http://www.tuerkischebotschaft.de/de/eu/2004_03_19_Politische_Kriterien.pdf, 10.9.2004. Oder unter: http://www.kgm.adalet.gor.tr/kanunlasanlar.com, 11.10.2004.

der Verfassung mit dem Titel „Die Staatssicherheitsgerichte", der die Grundlage für die Errichtung der Staatssicherheitsgerichte bildet, aufgehoben.
- Das Gesetz, das die Strafprozessordnung ändert und die Staatssicherheitsgerichte (Gesetz Nr. 5190) abschafft, wurde vom Parlament am 16. Juni 2004 verabschiedet und trat am 30. Juni 2004 in Kraft.

Anti-Korruptionsmaßnahmen:
- Die Türkei unterzeichnete am 10. Dezember 2003 die Konvention der VN gegen Korruption. Das Gesetz über die Verwaltung und die Kontrolle der öffentlichen Finanzen wurde vom Parlament am 10. Dezember 2003 verabschiedet und am 24. Dezember 2003 im Amtsblatt verkündet.[299]
- Die Gesetzesänderung zum Gesetz über das Bankwesen wurde vom Parlament am 12. Dezember 2003 angenommen und am 26. Dezember 2003 im Amtsblatt veröffentlicht.
- Die Strafrechtskonvention des Europarates in Bezug auf die Korruption wurde vom Parlament am 14. Januar 2004 ratifiziert. Die Ratifikationsurkunde wurde beim Generalsekretär des Europarates am 29. März 2004 hinterlegt. Die Konvention trat am 1. Juli 2004 in Kraft. Der Gesetzesentwurf über den Kampf gegen die Korruption wurde dem Parlament vorgelegt.
- Das Gesetz Nr. 5176 über die Errichtung des Rates für ethisches Verhalten der öffentlichen Bediensteten wurde vom Parlament am 25. Mai 2004 verabschiedet und im Amtsblatt am 8. Juni 2004 verkündet. Der Zweck dieses Gesetzes besteht darin, einen Ausschuss zu errichten, der die öffentlichen Behörden überwacht, um die Einhaltung der ethischen Standards zu gewährleisten.

7.1.2.2 Menschenrechte und der Schutz von Minderheiten

Die Einhaltung der Menschenrechte in der Türkei ist von entscheidender Bedeutung für die Frage, ob Ende 2004 die Aufnahme von Beitrittsverhandlungen mit der Türkei beschlossen werden kann. Gemäß den „Kopenhagener Kriterien" für die Aufnahme neuer EU-Mitglieder, die der Europäische Rat im Juni 1993 festgelegt hat, ist „eine institutionelle Garantie für demokratische und rechtsstaatliche Ordnung, für die Wahrung der Menschenrechte sowie die Achtung und den Schutz von Minderheiten" eine zentrale Voraussetzung, die bereits bei der Aufnahme von Beitrittsverhandlungen erfüllt sein muss.

Die EU erfüllt die Eigenschaften einer klassischen internationalen Organisation. Sowohl die Integrations- als auch die Koordinationspolitik der EU werden durch das Gemeinschaftsrecht durchgeführt. Die Folgen des Gemeinschaftsrechts als objektives Recht gelten nicht nur für die Mitgliedstaaten, sondern auch für Drittstaaten, soweit sie mit der EU Kontakt aufnehmen.

---

299 http://www.tuerkischebotschaft.de/de/eu/2004_03_19_Politische_Kriterien.pdf, 10.9.2004.

Art. F Abs. 2 EUV beinhaltet die Bestimmung der Geltung der Grundrechte in den Mitgliedstaaten. Danach achtet die Union die Grundrechte, wie sie in der am 4. November 1950 in Rom unterzeichneten Europäischen Konvention zum Schutz der Menschenrechte und Grundfreiheiten gewährleistet sind und wie sie sich aus den gemeinsamen Verfassungsüberlieferungen der Mitgliedstaaten als allgemeine Grundsätze des Gemeinschaftsrechtes ergeben.[300] Das Gemeinschaftsrecht stellt im EU-Gebilde ein Integrationsmittel dar. Jeder Staat, der eine Integrationsabsicht bezüglich der EU hat, muss sich darüber im Klaren sein, dass sein Rechtsgebilde, Wirtschaftsgebilde und politisches Gebilde von der Integration geprägt wird.[301]

Der Vertrag von Ankara vom Jahre 1963 lieferte die Grundlage der Beziehungen zwischen der EU und der Türkei. In letzter Zeit rückten die Kernbereiche, welche im Schutz der Menschenrechte und Minderheiten bestehen, immer mehr in den Vordergrund.

Am 8. März 2001 verabschiedete der Europäische Rat das Dokument über die Grundsätze,[302] Zwischenziele und Bedingungen der Beitrittspartnerschaft für die türkische Republik, in dem die Kopenhagener Kriterien und die Voraussetzungen für ihre Erfüllung mit Blick auf die Situation in der Türkei konkretisiert werden.

Im Bereich der Menschenrechte sind kurz- und mittelfristige Ziele festgelegt, wie z.B. die rechtliche Stärkung von Meinungs-, Vereinigungs- und Versammlungsfreiheit, rechtliche und praktische Maßnahmen zur Bekämpfung der Folter, die Abschaffung der Todesstrafe, die Aufhebung aller rechtlichen Hindernisse für den Gebrauch anderer Muttersprachen türkischer Staatsbürger in Rundfunk und Fernsehen sowie Schulung von Vollzugsbeamten, Richtern und Staatsanwälten über menschenrechtliche Prinzipien.[303] Es wurden Beobachtungsmechanismen über den Stand der Verwirklichung dieser Ziele vereinbart, deren Ergebnisse in einem jährlichen Fortschrittsbericht der Europäischen Kommission dokumentiert werden.

Die Achtung der Menschenrechte ist in Artikel 2 der türkischen Verfassung festgelegt, allerdings mit der später hinzugefügten Einschränkung, dass die nationale Sicherheit über den Schutz der Menschenrechte zu stellen sei.[304] Die Türkei hat die wichtigsten Abkommen zum Schutz der Menschenrechte ratifiziert, ebenso die UN-Konvention gegen die Folter, aber nicht das Rahmenabkommen zum Schutz nationaler Minderheiten.

---

300 Richter, Pascal, 1997, S. 85.
301 Frowein, J. A.: Verfassungsperspektiven der EG. EuR Beiheft, 1/1992, S. 63.
302 Kommission der Europäischen Gemeinschaften: Regelmäßiger Bericht 2001. Über die Fortschritte der Türkei auf dem Weg zum Beitritt. Brüssel, den 13.11.2001, Sek (2001) 1756.
303 Kommission der EU: Regelmäßiger Bericht 2001.
304 http://www.diplomatischerbeobachter.com/news_read.asp?id=47, 18.7.2004. Oder unter: http://www.tuerkischebotschaft.de/de/eu/2004_03_19_Politische_Kriterien.pdf, 10.8.2004.

Als Mitglied des Europarats gewährt sie ihren Bürgern das Recht, sich an den Europäischen Gerichtshof zu wenden. Die jüngsten Verfassungsänderungen haben – wie der Europarat anerkannte – markante Verbesserungen in der Gewährleistung der Menschenrechte und Grundfreiheiten gebracht.[305] Inzwischen hat die Türkei zahlreiche weit reichende Maßnahmen zur Verbesserung der Menschenrechtslage und zur Erweiterung der bürgerlichen Freiheiten beschlossen.

7.1.2.2.1 Die Todesstrafe

Die Todesstrafe, die in der Türkei seit 1984 nicht mehr angewandt wurde, wurde mit den Änderungen der betreffenden nationalen Gesetzgebung, die durch das dritte Harmonisierungspaket in Einklang mit dem Protokoll Nr. 6 der EMRK und den vorherigen Verfassungsänderungen erlassen wurden, am 9. August 2002 abgeschafft. Gegen die Stimmen der Nationalisten von der MHP und des größeren Teils der öffentlichen Meinung tat das Parlament mit einer deutlichen Mehrheit diesen wichtigen Schritt in Richtung EU.[306] Auch unter den neuen Bestimmungen, die die Todesstrafe in Gefängnisstrafe umwandeln, ist die Todesstrafe außer in Kriegszeiten und bei unmittelbarer Kriegsgefahr nicht länger durchzuführen, wenngleich Terrorismus zu der Zeit, als das dritte Paket in Kraft trat, als eine Ausnahme beibehalten wurde.[307]

7.1.2.2.2 Die Meinungsfreiheit

Das Thema Meinungsfreiheit ist für die Türkei politisch immer besonders heikel gewesen. Die türkischen Regierungen zeigten zwar Bereitschaft, in der Frage der Meinungsfreiheit die Situation weiter den in der EU und ihren Mitgliedstaaten üblichen Standards anzupassen, doch weisen sie auf die in Artikel 10 der Europäischen Konvention über Menschenrechte und Grundfreiheiten ausdrücklich enthaltenen Vorbehalte der territorialen Integrität und der nationalen Sicherheit hin.[308] Mit den letzten Änderungen wurden die gesetzlichen Einschränkungen der Meinungsfreiheit erheblich gelockert. Um dem nationalen Einheitsprinzip nicht zu schaden, wurde auch Artikel 159 des Strafgesetzbuches geändert,[309] um die Mindeststrafe für diejenigen, die „das Türkentum, die Republik, die Große Nationalversammlung, das moralische Wesen der Regierung, die Ministerien, das Militär oder die Sicherheitskräfte oder das moralische Wesen der

---

305 NZZ, 9.11.2001; Kritik an der Folter.
306 Kramer, Heinz, S. 27.
307 http://www.diplomatischerbeobachter.com/news_read.asp?id=47, 18.7.2004. Oder unter: http://www.tuerkischebotschaft.de/de/eu/2004_03_19_Politische_Kriterien.pdf, 10.8.2004.
308 Kramer, Heinz: Das Nationale Programm der Türkei für die Übernahme des Gemeinschaftlichen Besitzstands. SWP Berlin, März 2001.
309 http://www.diplomatischerbeobachter.com/news_read.asp?id=47, 18.7.2004. Oder unter: http://www.tuerkischebotschaft.de/de/eu/2004_03_19_Politische_Kriterien.pdf, 10.8.2004.

Richterschaft offen beleidigen", von einem Jahr auf 6 Monate zu verringern, wodurch sichergestellt wurde, dass die freie Meinungsäußerung, die einzig und allein zum Zweck der Kritik unternommen wird, nicht unter Strafe steht.

7.1.2.2.3 Frauenrechte

Die Türkei hat auch im Bereich der Frauenrechte große Fortschritte erzielt. Betrachtet man die Geschichte der Türkei eingehender, sieht man, dass die Gleichberechtigung der Geschlechter einen der wesentlichen Grundsätze der Republik Türkei darstellt. In dieser Beziehung ist dies insofern einzigartig unter den moslemischen Ländern, da schon das Zivilgesetzbuch von 1926 dieses wesentliche Prinzip der Geschlechtergleichheit enthält.

Früher als in vielen europäischen Ländern erhielten die Frauen in der Türkei 1930 das aktive und passive Wahlrecht bei Gemeindewahlen, 1933 für Wahlen zum Dorfrat und 1934 das aktive und passive Wahlrecht für das Parlament.

Das neue Zivilgesetzbuch, das am 1. Januar 2002 in Kraft trat,[310] war ein Wendepunkt in den Anstrengungen der Türkei bei der Angleichung an die EU-Standards, da das Gesetzbuch bedeutende Änderungen auf den Gebieten der Geschlechtergleichberechtigung, des Schutzes des Kindes und der Schwachen sowie der Vereinigungsfreiheit einführte.

Auch im Rahmen des 6. Harmonisierungspaketes, das von der Großen Türkischen Nationalversammlung am 15. Juni 2003 verabschiedet wurde, wurden einige Änderungen am türkischen Strafgesetzbuch vorgenommen. Diese schließen schwerere Strafen für „Ehrenmorde an Kindern" ein und schaffen die tatsächliche Verringerung der Strafen bei „Ehrenmorden" ab. Auf diese Weise wurde den Straftaten aus Gründen der Ehre, die eine große Verletzung der Menschenrechte der Frauen darstellen, ein bedeutender gesetzlicher Schlag versetzt.

Bis Januar 2002 wurde das Recht der Frauen zu arbeiten nur durch die Verfassung geregelt, die festlegte: „Jeder hat das Recht und die Pflicht zu arbeiten." Das neue Zivilgesetzbuch bestimmt jedoch in Artikel 192 ausdrücklich, dass „keiner der Eheleute verpflichtet ist, die Erlaubnis des anderen in Bezug auf die Wahl der Arbeit oder des Berufs einzuholen". Mit den Verfassungsänderungen, die vom Parlament am 7. Mai 2004 angenommen wurden und die am 22. Mai 2004 in Kraft traten, wurde der Artikel 10 der Verfassung mit dem Titel „Gleichheit vor dem Gesetz" geändert.[311] Der Satz

„Männer und Frauen sollen die gleichen Rechte haben. Der Staat hat die Aufgabe sicherzustellen, dass diese Gleichheit in die Praxis umgesetzt wird."

---

310 http://www.diplomatischerbeobachter.com/news_read.asp?id=47, 18.7.2004. Oder unter: http://www.tuerkischebotschaft.de/de/eu/2004_03_19_Politische_Kriterien.pdf, 10.8.2004.
311 http://www.diplomatischerbeobachter.com/news_read.asp?id=47, 18.7.2004. Oder unter: http://www.tuerkischebotschaft.de/de/eu/2004_03_19_Politische_Kriterien.pdf, 10.9.2004.

wurde dem Artikel hinzugefügt. Das Ministerpräsidialamt gab am 22. Januar 2004 ein Rundschreiben mit Blick auf die Gewährleistung des Grundsatzes der Gleichberechtigung bei der Personalauswahl im öffentlichen Dienst heraus. Unter Bezug auf die einschlägigen Bestimmungen der Verfassung und die internationalen Abkommen, die die Türkei unterfertigt hat, hat das Ministerpräsidialamt angeordnet, dass Kriterien für die Personalauswahl im öffentlichen Sektor gemäß den Qualifikationen für das betreffende Amt und ohne Diskriminierung erstellt werden sollen.

7.1.2.2.4 Vereinigungs- und Versammlungsrecht

Im Bereich Vereinigungs- und Versammlungsrecht wurden wichtige Reformen durchgeführt. Eine Reihe von Änderungen wurde hinsichtlich des Vereinsgesetzes erlassen, um die Ausübung des Rechts auf Vereinigungsfreiheit zu stärken. Artikel 4 wurde novelliert, um einige der Beschränkungen bezüglich der Gründung von Vereinen abzuschaffen. Diese Änderung hob neben anderen Beschränkungen die Bestimmung über das Verbot der Vereinsgründung durch ehemalige Strafgefangene auf.

Mit einer Änderung des Artikels 5 wurde die Bestimmung über das Verbot der Gründung eines Vereins aufgehoben, der „andere als die türkische Sprache oder Kultur schützt, entwickelt oder verbreitet oder der den Anspruch erhebt, dass er eine Minderheit auf der Grundlage von rassischen, religiösen, konfessionellen, kulturellen oder sprachlichen Unterschieden vertritt".

Eine Änderung des Artikels 6 weitete die Vereinigungsfreiheit durch die Abschaffung der Bestimmung, die Vereinen verbot, Sprachen, die durch das Gesetz untersagt waren, zu verwenden, weiter aus und führte die Bestimmung ein, dass in der offiziellen Korrespondenz die türkische Sprache zu verwenden ist. Eine Änderung des Artikels 34 weitete die Vereinsfreiheit bezüglich der Gründung von Vereinigungen aus. Der Artikel 38 wurde geändert,[312] um die Freiheiten von Studentenvereinen auszubauen. Eine Änderung des Artikels 43 führt das Verfahren der „Vorabmitteilung" ein und ersetzt damit das vormals für Vereine erforderliche Verfahren der Erlaubnis.

Mit den Änderungen wurden die Artikel 7, 11 und 12 über das „Verbot von internationalen Aktivitäten", „von Aktivitäten im Ausland der in der Türkei errichteten Vereine" und „von Aktivitäten in der Türkei von ausländischen Vereinen" aufgehoben. (Anstelle dieser werden die Bestimmungen des Zivilgesetzbuches angewendet.) Das Versammlungs- und Demonstrationsgesetz wurde ebenfalls im Rahmen der Vereinsfreiheit und der friedlichen Versammlung novelliert.

---

312 http://www.diplomatischerbeobachter.com/news_read.asp?id=47, 3.8.2004. Oder unter: http://www.tuerkischebotschaft.de/de/eu/2004_03_19_Politische_Kriterien.pdf, 10.8.2004.

Und auch Artikel 9 wurde geändert,[313] um die Freiheit auszuweiten, Versammlungen und Demonstrationen zu organisieren, indem die Altersgrenze für die Teilnahme auf 18 Jahre und die Erfordernisse für die Mitgliedschaft in den Organisationskomitees herabgesetzt wurden und es juristischen Personen mit Einverständnis der zuständigen Organe ermöglicht wurde, Versammlungen und Demonstrationen zu organisieren.

Mit einer Änderung des Artikels 17 wurden die Bestimmungen, die die Gründe beschreiben, unter denen die lokalen Behörden Versammlungen und Demonstrationen verbieten oder verschieben können, überarbeitet.

Eine Änderung des Artikels 19 sah vor, dass unter bestimmten Umständen Versammlungen eher verschoben als verboten werden sollten, und hob einige der Gründe, unter denen Versammlungen verschoben werden können, auf. Artikel 21 mit dem Titel „Versammlungen und Demonstrationen nicht im Rahmen ihres Zweckes" wurde beseitigt, um die Ausübung der Freiheiten auf diesem Gebiet auszuweiten. Die Änderungen im Bereich Vereinigungs- und Versammlungsfreiheit gereichen der Meinungsfreiheit zum Vorteil, weil sie zu weniger staatlicher Kontrolle und Bevormundung privater Organisationen beigetragen haben.

7.1.2.2.5 Bekämpfung der Folter

Der Vorwurf der Folter und von unmenschlicher Behandlung in Polizeigewahrsam, im Strafvollzug oder bei Maßnahmen der Sicherheitskräfte ist ein Streitthema innerhalb der Europäischen Union und ein ständiger Kritikpunkt an den türkischen Menschenrechtszuständen gewesen.[314] Eine große Zahl der gegen die Türkei vor dem Europäischen Gerichtshof für Menschenrechte angestrengten Verurteilungen betrifft dieses Vergehen. Internationale Organisationen, die zuständigen Stellen des Europarates oder andere Regierungsstellen haben immer wieder nachgewiesen, dass die entsprechenden Vorwürfe ihre Berechtigung hatten.[315]

Die Defizite der Türkei gründen auf einer Reihe von strukturellen Ursachen. Staatliche Stellen sehen die Republik durch separatistischen Terror bedroht.[316] Nach Schwächung der PKK-Terrorgruppe nahm die Anzahl der Foltervorwürfe ab, wurden doch die meisten von ihnen in diesem Kontext erhoben. Die AKP-Regierung verstärkte mit zahlreichen Änderungen die Kontrolle in Bezug auf Folter und Misshandlung. In diesem Sinne wurde Artikel 2 des Gesetzes über die Strafverfolgung von Beamten und Angestellten des öffentlichen Dienstes geändert,[317] um das Verwaltungsgenehmigungsverfahren für die Strafverfolgung

---

313 http://www.diplomatischerbeobachter.com/news_read.asp?id=47, 21.9.2004.
314 Kramer, Heinz, S. 27,
315 Regelmäßige Berichte von Amnesty International, Human Rights Watch.
316 Kramer, Heinz, S. 27.
317 http://www.diplomatischerbeobachter.com/news_read.asp?id=47, 19.6.2004. Oder unter:
      http://www.tuerkischebotschaft.de/de/eu/2004_03_19_Politische_Kriterien.pdf, 11.9.2004.

von Beamten und Angestellten des öffentlichen Dienstes aufgrund von Vorwürfen der Folter und Misshandlung abzuschaffen.

Die Änderung des Artikels 245 des Strafgesetzbuches sieht vor, dass Urteile bezüglich Folter und Misshandlung nicht in Geldstrafen oder andere Maßnahmen umgewandelt oder außer Kraft gesetzt werden können. Artikel 316 der Strafprozessordnung wurde geändert,[318] um das Recht auf Verteidigung zu stärken und sicherzustellen, dass die schriftliche Stellungnahme des Generalstaatsanwaltes des Kassationsgerichtes dem Verdächtigen oder seinem Anwalt zur Kenntnis gebracht wird.

Artikel 3 der Rechtsverordnung wurde geändert,[319] um die Zeitdauer von 10 auf 4 Tage zu verkürzen, für die der Beschuldigte oder Gefangene aus der Haftanstalt oder Untersuchungshaft heraus in Polizeigewahrsam genommen werden darf. Außerdem wurde verfügt, dass eine Anhörungspflicht des Gefangenen oder Verhafteten durch einen Richter besteht, bevor der eine Entscheidung in dieser Angelegenheit trifft, um zu gewährleisten, dass der Beschuldigte oder Gefangene von seinen Rechten Gebrauch macht. Die Gesundheit des Verhafteten oder Gefangenen muss jedes Mal, wenn dieser aus oder in das Gefängnis oder aus der oder in die Haftanstalt kommt, durch ein ärztliches Attest bescheinigt werden und die Haftbedingungen in Regionen unter Ausnahmezustand sind zu verbessern.

Und auch die Verordnung über die Festnahme, die Haft und die Vernehmung wurde am 3. Januar 2004 mit Blick auf die weitere Stärkung des Schutzes vor Folter und grober Misshandlung geändert.[320] Die Änderungen zielen zudem darauf ab, die Verordnung in Einklang mit den europäischen Normen zu bringen und die Probleme, die aus der Umsetzung erwachsen, auszuschließen.

Außerdem hat die Türkei die UN-Pakte über bürgerliche und politische sowie über soziale und kulturelle Rechte ratifiziert. Diese Maßnahmen wurden in den Fortschrittsberichten der Kommission regelmäßig gewürdigt, gleichzeitig wurden jedoch erhebliche Mängel bei der Umsetzung der Reformen konstatiert. Dies gilt insbesondere für die mangelnde Umsetzung des Folterverbots und das nach wie vor sehr geringe Niveau der Strafverfolgung von Folterern.

Die Menschenrechtsorganisationen wie Amnesty International, Human Rights Watch und der türkische Menschenrechtsverein stellen zwar Verbesserungen fest, zeigen aber nach wie vor gravierende Probleme auf. Der Europäische Rat verabschiedete im Mai 2003 eine ergänzende Erklärung zur Beitrittspartnerschaft, in der nachdrücklich auf eine verbesserte tatsächliche Umsetzung der

318 http://www.diplomatischerbeobachter.com/news_read.asp?id=47, 9.8.2004. Oder unter: http://www.tuerkischebotschaft.de/de/eu/2004_03_19_Politische_Kriterien.pdf, 10.8.2004.
319 http://www.diplomatischerbeobachter.com/news_read.asp?id=47, 7.10.2004. Oder unter: http://www.tuerkischebotschaft.de/de/eu/2004_03_19_Politische_Kriterien.pdf, 6.10.2004.
320 http://www.diplomatischerbeobachter.com/news_read.asp?id=47, 7.10.2004. Oder unter: http://www.tuerkischebotschaft.de/de/eu/2004_03_19_Politische_Kriterien.pdf, 6.10.2004.

menschenrechtlichen Zielsetzungen gedrungen wurde, insbesondere auf verstärkte Bemühungen zur Verhinderung von Folter, die volle Verwirklichung des Rechts auf Meinungsfreiheit und der kulturellen Rechte von Minderheiten.

Dieser teilweise als epidemisch zu bezeichnende Zustand des Sicherheitsapparates lässt sich nicht von heute auf morgen verändern – und weniger durch Gesetzesmaßnahmen als durch entsprechende umfassende Ausbildungs- und Schulungsmaßnahmen sowie durch eine scharfe Aufsicht. Die hierfür von der Regierung geplanten Maßnahmen sollten von der EU durch entsprechende Programme im Rahmen der Beitrittsvorbereitung der Türkei umfassend unterstützt werden.

Ebenso sollten die von der Regierung angekündigten Maßnahmen zur Modernisierung der türkischen Strafverfolgungsbehörden von der EU und ihren Mitgliedstaaten unterstützt werden. Es wäre zu überlegen, für diese Probleme ein entsprechendes Twinning-Programm zu entwickeln.[321] In ihrem neuen Fortschrittsbericht hat die EU-Kommission allerdings konstatiert, dass die politischen Kopenhagener Kriterien im Hinblick auf die gesetzlichen Voraussetzungen erfüllt seien, es aber weiterhin Probleme bei der praktischen Umsetzung gebe. Ich zitiere aus dem Kommissionsbericht:

> *Nach Jahrzehnten eher sporadischer Fortschritte ist in der Türkei vor allem seit den Wahlen von 2002 eine erhebliche Annäherung des rechtlichen und institutionellen Rahmens an europäische Standards zu verzeichnen. Wichtigste politische Reformen waren die beiden umfassenden Verfassungsreformen von 2001 und 2004 sowie die acht Gesetzespakete, die zwischen Februar 2002 und Juli 2004 vom türkischen Parlament verabschiedet wurden.*

Und:

> *Das Land hat sich weitgehend den einschlägigen internationalen Übereinkommen und gerichtlichen Entscheidungen angepasst, so z.B. in Bezug auf die vollständige Abschaffung der Todesstrafe und die Freilassung von Personen, die wegen friedlicher Meinungsäußerung verurteilt wurden. Auch wenn in der Praxis einige Beschränkungen weiterhin bestehen, wurden die Grundfreiheiten der türkischen Bürger wie die Meinungs- und Versammlungsfreiheit wesentlich erweitert. Die Zivilgesellschaft hat an Bedeutung gewonnen.*

Sie empfiehlt daher die Aufnahme von Beitrittsverhandlungen mit der Auflage einer weiteren intensiven Überprüfung der Menschenrechtssituation und der ausdrücklichen Möglichkeit der Suspendierung für den Fall, dass hier nicht die erwarteten Fortschritte gemacht werden.

---

321 Kramer, Heinz, S. 5.

In Anbetracht der bereits erreichten allgemeinen Fortschritte im Reformprozess und unter der Voraussetzung, dass die in Absatz (1) genannten, noch ausstehenden Gesetze in Kraft treten, ist die Kommission der Auffassung, dass die Türkei die politischen Kriterien in ausreichendem Maß erfüllt, und empfiehlt die Eröffnung von Beitrittsverhandlungen. Die Unumkehrbarkeit des Reformprozesses, seine Umsetzung insbesondere im Hinblick auf die Grundfreiheiten, müssen sich über einen längeren Zeitraum bestätigen.[322]

7.1.2.2.6 Minderheitenpolitik

Die Europäische Union betont in ihrer gemeinsamen Außen- und Sicherheitspolitik die Bedeutung des Minderheitenschutzes und hebt diesen Aspekt insbesondere in Zusammenhang mit neu anzuerkennenden Staaten hervor.[323] Im Rahmen der Europäischen Union selber bestehen allerdings keine völkerrechtlichen Verpflichtungen bezüglich des Minderheitenschutzes, der Schutz der Minderheiten ergibt sich aber aus einem Zusammenwirken der Instrumente der drei Europäischen Ebenen OSZE, Europarat und Europäische Union, die durch Bezugnahme miteinander verbunden sind.[324] Achtung und Schutz von Minderheiten, dieses politische Beitrittskriterium der EU bereitet der Türkei die größten Probleme.[325] Die Türkei ist seit Gründung der Republik im Jahre 1923 von einer nationalistischen Ideologie europäischer Tradition geprägt, die sich in der Verfassung und der gesamten Gesetzgebung niederschlägt. Nationalismus (Milliyetcilik) als einer der sechs Pfeiler der kemalistischen Ideologie bzw. dessen kulturnationalistische Variante prägte seit Anbeginn die türkische Minderheitenpolitik, wobei die ethnische und sprachliche Homogenisierung der Türkei das übergeordnete Ziel war.[326]

Nach der türkischen Interpretation des Lausanner Vertrages werden nur die nicht-muslimischen Gemeinschaften der Armenier,[327] Bulgaren, Griechen und Juden als Minderheiten anerkannt, und auch diese sind mit erheblichen rechtlichen und praktischen Einschränkungen bei der Pflege ihrer Sprache und Religion konfrontiert.[328] In diesem Sinn erfolgte das dritte (Artikel 4, Artikel 10), sechste (Artikel 3, Artikel 4) und siebte (Artikel 2) Harmonisierungspaket, mit denen Rundfunk- und Fernsehsendungen in kurdischer Sprache für staatliche und private Sender ermöglicht wurden. Die Verordnung über die Ausstrahlung von

---

322 Mitteilung der Kommission, 6.10.2004.
323 Streinz, Rudolf: Minderheiten- und Volksgruppenrechte in der Europäischen Union. In: Blumenwitz, 1996, S. 11.
324 Streinz, Rudolf, S. 26.
325 Kramer, Heinz, S. 33.
326 Rumpf, Christian: Minderheiten in der Türkei und die Frage nach ihrem rechtlichen Schutz. In: ZfTS 6, 1993, S. 173-209.
327 Orient. Deutsches Orient Institut in Hamburg, Heft 3/2003, 44. Jahrgang, S. 413.
328 http://www.bpb.de/themen/I13FQB,0,0,Keine_Aufnahme_der_T%FCrkei_in_die_EU.html.

Sendungen in verschiedenen Sprachen und Dialekten, die traditionell von türkischen Bürgern in ihrem täglichen Leben verwendet werden, durch öffentliche und private Radio- und Fernsehanstalten wurde im Amtsblatt vom 25. Januar 2004 veröffentlicht.

Gemäß der Verordnung soll sich für Radioanstalten die Sendezeit auf 5 Stunden pro Woche – ohne dabei 60 Minuten am Tag zu überschreiten – und für Fernsehanstalten auf 4 Stunden pro Woche beschränken, ohne 45 Minuten am Tag zu überschreiten. Die Sendungen sollen ausschließlich von nationalen Radio- und Fernsehanstalten ausgestrahlt werden, so lange bis die Zuschauer- und Zuhörernachfrage durch die oberste Behörde für Radio und Fernsehen ermittelt wurde. TRT hat mit der Ausstrahlung von Fernseh- und Rundfunksendungen in Bosnisch, Arabisch, Tscherkessisch und Kurdisch (Zaza- und Kirmanchi-Dialekt) Anfang Juni 2004 begonnen.[329] Gleichfalls wurden private Kurse zum Erlernen der kurdischen Sprache erlaubt.[330] Die Verordnung über das Erlernen verschiedener Sprachen und Dialekte, die traditionell von türkischen Bürgern in ihrem täglichen Leben verwendet werden, wurde am 5. Dezember 2003 verkündet. In diesem Zusammenhang wurden drei Kurdisch-Kurse in Şanlýurfa, Van und Batman eingerichtet und der Unterricht im April 2004 begonnen.

Das Ministerium für Nationale Erziehung gewährte dem privaten Kurdisch-Kurs in Adana die Erlaubnis, ein Institut einzurichten und mit dem Unterricht zu beginnen. Die Regelungen galten auch für andere Sprachen und Dialekte, die traditionellerweise von türkischen Staatsangehörigen im täglichen Leben gesprochen werden, doch liegt ihre politische Bedeutung in der damit verbundenen impliziten Anerkennung kultureller Rechte für den kurdischen Bevölkerungsteil. Der eherne Grundsatz von der Einheit der Republik ist damit gelockert. Zusammen mit der Beendigung des Ausnahmezustands ab November 2002 wurden so wichtige Schritte zur Normalisierung der Lage in den kurdischen Provinzen im Osten und Südosten der Türkei getan.

Diese finden im täglichen Leben ihren Niederschlag, aber auch in der weitgehend ungehinderten Durchführung einiger kultureller Veranstaltungen in kurdischer Sprache, wie eines allkurdischen Literaturkongresses in Diyarbakir im November 2003. Damit hat die Türkei Minderheiten enorme Freiheiten gewährt und einen gewichtigen Stein hin in Richtung Europäische Union aus dem Weg geräumt. Nicht nur gegenüber den eigenen Minderheiten, den Kurden, hat die Türkei damit begonnen, vorsichtige Lockerungen in der bisherigen restriktiven Politik einzuleiten, sondern auch gegenüber den nicht-muslimischen Minderheiten. So haben verschiedene Regelungen des dritten, vierten und

---

329 http://www.diplomatischerbeobachter.com/news_read.asp?id=47, 7.10.2004. Oder unter: http://www.tuerkischebotschaft.de/de/eu/2004_03_19_Politische_Kriterien.pdf, 6.10.2004.
330 http://www.diplomatischerbeobachter.com/news_read.asp?id=47, 7.10.2004. Oder unter: http://www.tuerkischebotschaft.de/de/eu/2004_03_19_Politische_Kriterien.pdf, 6.10.2004.

sechsten Harmonisierungspaketes zu einer Verbesserung der Rechtslage der als Stiftungen organisierten christlichen Religionsgemeinschaften geführt. Besonders das sechste Paket brachte entscheidende Änderungen auf dem Gebiet der Religionsfreiheit und der Gemeindestiftungen. Artikel 1 des Stiftungsgesetzes wurde geändert,[331] um den Antragszeitraum, in dem es Gemeindestiftungen möglich ist, die gegenwärtig in ihrem Besitz befindlichen Immobilien registrieren zu lassen, von sechs auf 18 Monate auszuweiten. Eine Änderung des Zusatzartikels 2 des Baugesetzes zog die Notwendigkeit von Andachtsstätten für die verschiedenen Religionen und Glaubensrichtungen in Betracht.

Zusätzlich beseitigte eine Änderung des Artikels 16 des Volkszählungsgesetzes die Bedingung,[332] dass Kindern keine Namen gegeben werden dürfen, die nicht der „nationalen Kultur" und den „Sitten und Traditionen" entsprechen. Durch diese rechtliche Umgestaltung werden vor allem die Eigentumsrechte an Immobilien gesichert, außerdem erhalten die verschiedenen Religionen und Glaubensrichtungen die Möglichkeit, neuen Grund zu erwerben und religiöse Versammlungsräume einzurichten.

Unzulänglich bleibt nach wie vor die Situation bei der Ausbildung oder der Beschäftigung von Geistlichen. Hier mahnt die EU insbesondere die Wiedereröffnung des 1971 geschlossenen Klosters und Priesterseminars auf der Insel Heybeliada im Marmarameer unter der Hoheit und Aufsicht des griechisch-orthodoxen Patriarchats von Istanbul ein. Die Regierung hat ihre grundsätzliche Bereitschaft hierzu signalisiert.

Die Reformprozesse in der Türkei sind nicht nur eine Reaktion auf europäische Forderungen, sondern liegen auch in der Einsicht der Regierung in die Notwendigkeit von Veränderungen und in einem tatsächlichen gesellschaftlichen Wandel begründet. Von Befürwortern eines EU-Beitritts der Türkei (in der Türkei selbst und außerhalb) wird oft das Schreckensbild einer völligen Destabilisierung, eines Abdriftens in den Islamismus oder eine anders geartete neue Diktatur heraufbeschworen für den Fall, dass die Beitrittsbemühungen einen Rückschlag erleiden.

Eine so drastische Folge mag eher fraglich erscheinen, aber zumindest eine Fortsetzung der Reformen wäre sicherlich schwerer durchsetzbar. In der türkischen Gesellschaft ist zwar das Bewusstsein für demokratische Rechte gewachsen, und die Menschen sind weniger als früher bereit, den Staat als allmächtige Autorität zu akzeptieren. Ob diese gesellschaftlichen Kräfte, die nach wie vor eine Minderheit darstellen, aber ausreichen, um Rückschritten entgegenzutreten, bleibt eine offene Frage.

---

331 http://www.diplomatischerbeobachter.com/news_read.asp?id=47, 13.10.2004. Oder unter: http://www.tuerkischebotschaft.de/de/eu/2004_03_19_Politische_Kriterien.pdf, 6.11.2004.
332 http://www.diplomatischerbeobachter.com/news_read.asp?id=47, 23.10.2004. Oder unter: http://www.tuerkischebotschaft.de/de/eu/2004_03_19_Politische_Kriterien.pdf, 26.10.2004.

7.1.3. Wirtschaftliche Kriterien

Die Türkei setzte wichtige Schritte, um die wirtschaftlichen Kriterien zu erfüllen. Anfang der achtziger Jahre überwog eine sehr protektionistische Wirtschaftspolitik, die sich hauptsächlich am kapitalistischen Wirtschaftssystem ausrichtete, allerdings unterstanden viele Wirtschaftsbereiche staatlicher Kontrolle. Als Folge des Ölpreisschocks in den siebziger Jahren, der weltwirtschaftlichen Rezession und etlicher staatlicher Krisen drohte die Wirtschaft zusammenzubrechen. Die Türkei sah sich daher gezwungen, die Vorgaben von IWF (Internationaler Währungsfonds) und Weltbank zu akzeptieren, damit sie dringend nötige Unterstützung erhält. Seitdem gilt das Land als Stammkunde von IWF und Weltbank. Die Programme wurden aber nur teilweise verwirklicht und führten daher auch nur zu einer teilweisen Liberalisierung und marktwirtschaftlichen Orientierung.

Trotz einiger Privatisierungsmaßnahmen in den neunziger Jahren unterstanden große Bereiche der Wirtschaft weiterhin staatlicher Kontrolle. Allerdings hat sich die türkische Wirtschaft in der Zeit nach der Regierung Özal (1983) sehr stark entwickelt, die Regierungen begannen mit dem Versuch, die Ökonomie des Landes auf europäisches Niveau zu bringen. Die populistische Wirtschaftspolitik führte allerdings zu einer schweren Krise. Die ehemaligen Politiker hatten nämlich für ihren Wahlkampf sehr viel Geld ausgegeben, ja sogar Kredite aufgenommen. Maßnahmen, um die Wirtschaft zu stabilisieren, wurden danach allerdings nur wenige gesetzt.

Die Politiker protegierten ihre Verwandten oder Freunde, sodass auch als Folge der Korruption die Schulden des Landes in die Höhe schnellten. Nach Jahren starken Wirtschaftswachstums setzten vor allem in den Jahren 1997 bis 1999 und seit Beginn des jetzigen Jahrzehnts schwere wirtschaftliche Turbulenzen ein. Das Jahr 2001 brachte die schwerste Wirtschaftskrise seit 1945, verbunden mit dem Zusammenbruch des Bankensystems.[333] Das Land stand vor dem Staatsbankrott. Nach dieser Wirtschaftskrise wurde die Türkei zu einem großen Schuldner des IWF.[334] Seit diesem Zeitpunkt verlor die türkische Öffentlichkeit die politischen Kriterien aus den Augen und konzentrierte sich auf die wirtschaftlichen. Die Regierung der AKP geriet mehr und mehr unter Druck. Die Europäisierung, von vielen Türken als eine wirksame „Versicherung" gegen künftige Misswirtschaft angesehen, wurde den Regierenden der neunziger Jahre pauschal zum Vorwurf gemacht.[335]. Anfang 2001 kam es zu einem drastischen

---

333 http://www.bpb.de/themen/MX6HNP,0,0,Wirtschaftliche_und_soziale_%DCberforderung_der
_EU.html, 13.11.2004. Siehe auch Zeitschrift für Politikwissenschaft; 51. Jahrgang; 2/2004, S. 179.

334 Zentrum für Türkeistudien: Die wirtschaftliche Lage der Türkei, Hintergrundinformationen für die Delegation der Türkeireise der FDP-Landtagsfraktion. Essen 2003.

335 Beilage zur Wochenzeitung „Das Parlament": Aus: Politik und Zeitgeschichte. 9. August 2004; B 33-34/2004, S. 15.

Wertverlust der Lira[336] gegenüber dem Dollar und einem kurzfristigen Anstieg der Zinsen, was natürlich in der realen Wirtschaft tiefe Spuren hinterließ.[337] Zehntausende Klein- und Mittelbetriebe machten Bankrott, über eine Million Menschen verloren den Arbeitsplatz, und der Lebensstandard, insbesondere in der unteren Mittelschicht der Städte, ging deutlich zurück.[338]

Seither jedoch verzeichnet die türkische Wirtschaft wieder einen Aufwärtstrend mit hohen wirtschaftlichen Wachstumsraten (10,1 Prozent BIP-Wachstum 1. Quartal 2003 zu 1. Quartal 2004 auf Jahresbasis).[339] Trotzdem nimmt die Arbeitslosigkeit im Lande weiter zu (12,4 Prozent im ersten Quartal 2004). Besonders zwischen 2002 und 2004 erlebte die türkische Wirtschaft Einbrüche, die weit höher lagen als die europäischer Länder.

Tabelle 4[340]: Wirtschaftliche Hauptindikatoren

	1990-98	1998-01	2002-05*	2005*
BIP (Zuwachs in %)	5,1	-0,5	4,7	5,1
Inflation (durchschnittl. VPI/Jahr)	78,1	64,7	25,2	8,0
Haushaltsdefizit/BIP	5,1	11,2	5,7	0,5
Staatsverschuldung/BIP	53,7	73,9	84,5	73,0
Exporte/BIP	12,4	18,0	20,6	21,7
Importe/BIP	18,7	24,9	24,7	26,2
Ausl. Direktinvestionen (Mio. US-$ gesamt)	5,381	3,592	5,500	1,905

* Prognose

---

336 Lira ist die türkische Währung. Zu Beginn des Jahres 2005 wurden von der türkischen Lira (TL) sechs Nullen gestrichen; Aufwertungstendenz der neuen türkischen Lira (YTL) hält an; Offizieller Devisenkurs am 25. Februar 2005: 1 USD kostet 130 (YTL) und 1 Euro 170 YTL. Dazu siehe auch: http://www.ytl.gen.tr/ytl/index.php, 28.2.2005.

337 Das Parlament; S. 16.

338 Ebenda, S. 16.

339 http://www.bpb.de/themen/MX6HNP,0,0,Wirtschaftliche_und_soziale_%DCberforderung_der _EU.html. 27.2.2005.

340 http://www.tusiad.org/turkish/rapor/brosur_alman/brosur_alman.pdf, 2.12.2004. Siehe auch Gündüz M. Cem: Ökonomischer Beitrag der Türkei im Falle eines EU-Beitritts. Wien August 2004, S. 16.

Tabelle 5[341]: Türkei – wichtige Wirtschaftstrends (Stand: 1. Sept. 2004)

		1999	2000	2001	2002	2003	2004	(letzter Stand)
Reales BIP-Wachstum	%	-4,7	7,4	-7,5	27,8	35,8	10,6	1. Quartal
Inflationsrate[a:]								
Jahres-durchschnitt	%	64,2	57,3	57,6	46,7	25,3	11,6	Jan-Juni
Dezember/-Dezember	%	68,8	39,0	68,5	29,7	18,4	8,9	Juni
Arbeitslosenquote (Definition der Arbeitskräfteerhebung	%	7,7	6,5	8,3	10,3	9,0		
Saldo des gesamtstaatlichen Haushalts	in % des BIP	-18,9	-6,1	29,8	-12,6	-8,8[p]		
Leistungsbilanzsaldo	in % des BIP	-0,7	-4,9	2,3	-0,9	-2,8		
	in Mio. ECU/Euro	-1.261	-10.631	3.785	-1.769	-5.994	-5.560	Jan-April[b]
Bruttoauslandsverschuldung der Volkswirtschaft	in % d. Ausfuhren von Waren u. Dienstleistungen	206,3	201,8	203,2	194,8			
	in Mio. ECU/Euro	82.915[B]	105.170	110.882	107.534			
Zufluss ausländ. Direktinvestitionen (Zahlungsbilanzdaten)	in % des BIP	0,1	0,1	1,9	0,5	0		
	in Mio. ECU/Euro	125	137	3.046	908	68[p]	1.466	Jan-Juli[b]

Quelle: Eurostat, sofern nichts anderes angegeben; a: Noch kein harmonisierter Index; b: Quelle: Zentralbank d. Türkei; p: vorläufige Angaben; B: Reihe unvollständig

---

341 Kommissions-Bericht, 2004.

Seit 2001 besteht eine enge Zusammenarbeit mit dem IWF, die darauf ausgerichtet ist, die Kriterien zu erfüllen, welche die EU von ihren Beitrittskandidaten verlangt: mehr Marktwirtschaft; weniger Einfluss der Politik auf die Wirtschaft, Reformen, die strukturelle Schwächen beseitigen, wie sie in der türkischen Bankbranche bestanden haben.[342] Die im Einvernehmen mit EU und IWF eingeleiteten Strukturreformen (u.a. Autonomie der Zentralbank, Transparenz des Bankenwesens und staatlichen Ausschreibungsverfahrens, Öffnung der Märkte für Telekommunikation und Energie, Reformen im Sozialversicherungssystem und in der landwirtschaftlichen Subventionspolitik) werden konsequent fortgesetzt.[343]

Auf dem Gipfel von Kopenhagen wurden auch wirtschaftliche Kriterien, die ein Land erfüllen muss, bevor es EU-Mitglied werden kann, festgelegt. Dazu zählen die Schaffung einer funktionsfähigen Marktwirtschaft und die Fähigkeit, dem Wettbewerbsdruck und den Marktkräften innerhalb der Union standzuhalten.[344] Bei beiden wirtschaftlichen Kriterien bestätigte die Kommission die Fortschritte der Türkei.

7.1.3.1 Funktionierende Marktwirtschaft

Die Türkei hat in den vergangenen Jahren deutliche Fortschritte auf dem Weg hin zu einer funktionsfähigen Marktwirtschaft erzielt und vor allem makroökonomische Ungleichgewichte abgebaut.[345] Nach der Finanzkrise von 2001 entwickelte sich erstmals großer wirtschaftspolitischer Konsens. Auch die wirtschaftliche Stabilität und Vorhersehbarkeit haben sich seither deutlich verbessert.[346]

Nachdem die im November 2002 im Rahmen von vorzeitigen Wahlen mit starker parlamentarischer Mehrheit gebildete Einparteienregierung das Reformtempo infolge einer vorrangigen Konzentration auf politische Reformen und die Irakkrise zunächst spürbar gedrosselt hatte, nahm sie den Reformkurs auf der Grundlage des von der Vorgängerregierung konzipierten Reformprogramms zwischenzeitlich wieder auf.[347]

Das wirtschaftspolitische Programm der gemäßigten konservativ-demokratischen AKP-Regierung ist liberal und unternehmerfreundlich, zugleich aber auch den sozialen Anliegen breiter Wählerschichten verpflichtet.[348] Die im

---

342 Leggewie, Claus, S. 126.
343 http://www.auswaertiges-amt.de/www/de/laenderinfos/laender/laender_ausgabe_html?type_id=12&land_id=176, 13.2.2005.
344 Siehe Kommissions-Bericht 2004.
345 Südosteuropa Mitteilungen, Jahrgang 44, 06/04, S. 72.
346 Ebenda, S. 73.
347 Osteuropa-Institut München: EU-Beitrittsreife der Türkei und Konsequenzen einer EU-Mitgliedschaft. Wirtschaftswissenschaftliche Abteilung, Working Papers Nr. 252, Januar 2004. Auch unter: http://www.lrz-muenchen.de/~oeim/wp252.pdf, 7.8.2004.
348 http://www.auswaertiges-amt.de/www/de/laenderinfos/laender/laender_ausgabe_html?type_id=12&land_id=176, 5.1.2005.

Einvernehmen mit EU und IWF eingeleiteten Strukturreformen[349] (u.a. Autonomie der Zentralbank, Transparenz des Bankenwesens und des staatlichen Ausschreibungsverfahrens, Öffnung der Märkte für Telekommunikation und Energie, Reformen im Sozialversicherungssystem und in der landwirtschaftlichen Subventionspolitik) werden konsequent fortgesetzt,[350] weil die Regierung von den nationalistischen Reflexen ihrer Vorgängerin frei ist, und haben die Reformen sogar beschleunigt.[351]

Das jahrelang bestehende Problem der „Inflation ist erheblich zurückgegangen."[352] Die politische Einflussnahme wurde dem internationalen Standard angenähert.[353] Es hat also ein wichtiger Wandel in Richtung hin auf eine stabile und auf klaren Vorschriften beruhende Wirtschaft stattgefunden.[354] Die wichtigsten wirtschaftlichen Schwachpunkte wie etwa Ungleichgewichte im Finanzsektor wurden in Angriff genommen.[355]

Im von Ministerpräsident Erdogan durchgeführten Programm wurde das Bankensystem geändert und viele Banken auf die Privatisierung vorbereitet. Die Übernahme durch den Staat – trotz großer budgetärer Belastung – brachte frischen Wind in die Bankenbranche. Die Privatisierung stellt für die Regierung dagegen ein gewaltiges Problem dar. Die Staatsbürokratie ist plump und funktioniert sehr langsam, weswegen die Privatisierung noch immer nicht abgeschlossen werden konnte.

Die Privatisierungserlöse im Berichtszeitraum betrugen lediglich rund 3,6 Mrd. Euro (1,7 Prozent des türkischen BIP im Jahr 2003). Wenn man die erheblichen Kosten für die Vorbereitung der Unternehmen auf die Privatisierung berücksichtigt, lagen die Privatisierungserlöse netto sogar noch niedriger.[356] Negativ schlägt zu Buche, dass die Privatisierung weitgehend gescheitert ist.[357] Seit 1985 wurden gerade 3 Prozent des Bruttoinlandsprodukts aus Privatisierungsverkäufen erzielt; der Staatsanteil liegt daher weiter höher als erwünscht.[358] Die Korruption blüht weiter und stellt ein Problem für die Öffentlichkeit, aber auch für die AKP-Regierung dar. Selbst durch Gesetzesänderungen gelang es nicht, sie zu beseitigen. Trotz eines funktionierenden Rechtssystems hatte die Türkei auf dem Korruptionsindex des Jahres 2002 unter 120 Ländern Platz 64 belegt.[359]

---

349 Südosteuropa Mitteilungen, 1/4, Analysen von Siegfried Schlutz, S. 59.
350 http://www.auswaertiges-amt.de/www/de/laenderinfos/laender/laender_ausgabe_html?type_id =12&land_id=176, 5.1.2005.
351 Leggewie, Claus, S. 127.
352 Kommissions-Bericht, 2004.
353 Südosteuropa Mitteilungen, Jg. 44, 06/04, S. 73.
354 Ebenda, S.73.
355 Ebenda, S. 73.
356 Kommissions-Bericht, 2004.
357 Leggewie, Claus, S. 128.
358 Ebenda, S. 128.
359 Ebenda, 128.

Als positives Signal ist indessen aufgenommen worden, dass gegen die Familie Uzan, der wirtschaftskriminelle Delikte in großem Umfang vorgeworfen werden, im Spätsommer 2003 strafrechtliche Ermittlungen eingeleitet worden sind.[360] Die Regierung scheint bei ihrem Vorgehen sehr entschlossen. Auch einige Bürokraten wurden in letzter Zeit wegen Korruption vor Gericht gestellt.[361] Im Grunde ist dieses gesellschaftliche Problem aber längst nicht gelöst.

Auch im Bereich der Landwirtschaft gibt es zahlreiche Probleme. Der Agrarsektor beschäftigt ungefähr 40 Prozent der türkischen Erwerbstätigen, bis 1990 waren sogar noch 47 Prozent der Erwerbstätigen in der Landwirtschaft beschäftigt.[362]. Die Landwirtschaft trägt in der Türkei 14 Prozent zum Bruttoinlandsprodukt bei, in der EU-15 aber nur 1,7 Prozent.[363]

Die türkische Landwirtschaft ist, bei starker Flurzersplitterung, kleinbetrieblich organisiert. Mehr als 35 Prozent der Betriebe bewirtschaften eine Fläche von weniger als zwei Hektar.[364] Dies führt zu Subsistenzwirtschaft und niedriger Flächenproduktivität, vor allem in jenen Regionen, in denen unter klimatisch ungünstigen Bedingungen gewirtschaftet wird. Da die Landwirtschaft in weiten Teilen Anatoliens bei geringem Kapitaleinsatz extensiv betrieben wird, besteht hier ein dringender Rationalisierungsbedarf, wenn die türkischen Produzenten zukünftig mit den kapitalintensiv wirtschaftenden und zudem hoch subventionierten Landwirten der EU konkurrieren wollen.[365] Auch ist die Rechtsangleichung zu erweitern, besonders im Veterinärwesen, bei der Pflanzengesundheit und bei den Lebensmitteln sind Fortschritte erreicht worden.[366]

7.1.3.2 Wettbewerbsfähigkeit

Die türkische Wirtschaft hat sich noch nicht so weit entwickelt, dass sie dem Wettbewerbsdruck der EU standhalten könnte. Aber auch in diesem Bereich zeichnen sich insgesamt erfreuliche Tendenzen ab. Beim Außenhandel ist die Verflechtung mit dem Ausland hoch.[367] Seit vielen Jahren findet mehr als die Hälfte der türkischen Exportgüter in EU-Ländern Absatz, umgekehrt stammt etwa die Hälfte der türkischen Einfuhren von dort.[368]

---

360 Leggewie, Claus, S. 128.
361 http://www.sabah.com.tr/2005/02/10/eko104.html, 10.2.2005.
362 Leggewie, Claus, S. 128. Dazu siehe auch: http://www.bpb.de/themen/MX6HNP,0,0,Wirtschaftliche_und_soziale_%DCberforderung_der_EU.html, 19.2.2005.
363 Leggewie, Claus, S. 128.
364 http://www.bpb.de/themen/MX6HNP,0,0,Wirtschaftliche_und_soziale_%DCberforderung_der_EU.html, 21.2.2005.
365 http://www.bpb.de/themen/MX6HNP,0,0,Wirtschaftliche_und_soziale_%DCberforderung_der_EU.html, 20.2.2005.
366 Südosteuropa Mitteilungen, Jg. 44, 06/04, S. 74.
367 Südosteuropa Mitteilungen, 01/03, S. 62.
368 Ebenda, S. 62. Dazu siehe auch: http://www.dtm.gov.tr/ead/ekolar1/Dtgos.htm, 12.9.2005.

Die türkische Währung wurde auch 2003 und 2004 gegenüber dem Euro und dem US-Dollar deutlich abgewertet. In der Textil- und Bekleidungsbranche ebenso wie in der Automobilindustrie wurde inzwischen internationales Unternehmerniveau erreicht. Den Großteil der türkischen Ausfuhren stellen mit noch knapp 40 Prozent der Gesamtausfuhren nach wie vor Textilwaren, die 13 Prozent der gesamten Textileinfuhren der EU ausmachen.[369] Die Textil- und Konfektionsindustrie ist imstande, mit den Rivalen in den größten 10 Textilländern der Welt zu konkurrieren.[370] In den letzten Jahren wurde besonders bei Färbung, Druck, Appretur und in der Konfektionsindustrie die Kapazität erhöht.[371] In den Sektoren Fäden und Weberei wurde Investitionen zur Modernisierung oder Erneuerung der Anlagen Vorrang eingeräumt.[372] Die Automobilindustrie erlebte in den letzten Jahren eine besondere Aufwärtsentwicklung. Seit 1997 ist der Exportanteil der türkischen Automobilproduktion von 9 Prozent auf 83 Prozent gestiegen.[373] Investitionsprobleme bestehen aber weiterhin. Die Infrastruktur ist recht weit entwickelt, doch die Investitionen blieben begrenzt (...).[374] Vor allem an den ausländischen Direktinvestitionen lässt sich dieser Punkt deutlich ablesen, weil die türkische Wirtschaft trotz größeren Potenzials als die Beitrittskandidaten Rumänien und Bulgarien hinter ihnen zurückgeblieben ist. In Rumänien und Bulgarien erreicht der Anteil der ausländischen Direktinvestitionen am Bruttoinlandsprodukt jeweils 4 Prozent, in der Türkei aber nur 1 Prozent.[375]

Der Verband der Ausländischen Direktinvestoren (YASED) hatte den verschiedenen Regierungen über Jahre eine Liste von 35 Gesetzesänderungen vorgelegt,[376] um die Bedingungen für die ausländischen Investoren zu verbessern. Erst die AKP-Regierung hat aber begonnen, diese abzuarbeiten. Im Herbst 2003 waren 14 davon umgesetzt.[377] Allerdings wird nach der Ernennung der Türkei zum Beitrittskandidaten ein Anstieg der ausländischen Direktinvestitionen erwartet. Nach einigen Gesetzesänderungen wird die Türkei in Kürze europäisches Niveau erreichen.

Die Aufnahme der EU-Beitrittsverhandlungen wurde nach politischen Kriterien entschieden. Nach der Ernennung zum Beitrittskandidaten erlangten auch die wirtschaftlichen Kriterien zunehmend Bedeutung. So verhielt es sich bereits

---

369 EU-Kommission: Fragen im Zusammenhang mit der möglichen Mitgliedschaft der Türkei in der Europäischen Union, 6.10.2004, S. 16. Siehe auch: http://www.aypa.net/Avrupa/20041006-KEG-Fragen-TR-2004.pdf, 12.12.2004.
370 Gündüz, M. Cem, S. 33.
371 Ebenda, S. 33.
372 Ebenda; S. 33. Dazu siehe auch; http://www.tbb.gen.tr/deutsch/iktisat/turksanayi/turksanayi1.html, 17.8.2004.
373 Claus, Leggewie, S. 129.
374 Kommissions-Bericht, 2004.
375 Claus, Leggewie, S. 129.
376 Ebenda, S. 129.
377 Ebenda, S. 129.

bei den MOEL. Auch die ostmitteleuropäischen Kandidatenländer (MOE-Länder) waren zu Beginn der Beitrittsverhandlungen bei weitem keine voll *funktionsfähigen Marktwirtschaften*, und sie mussten – im Gegensatz zur Türkei – mit Übergangsproblemen von der Plan- zur Marktwirtschaft kämpfen.[378] Zudem konnten die MOE-Länder das „Wettbewerbskriterium" nicht vollständig erfüllen.[379] Die EU-Beitrittsperspektive hat sich in diesen Fällen als wichtiger Motor für die Durchsetzung wirtschaftspolitischer Reformen erwiesen.[380] Kann die türkische Wirtschaft die bereits erfolgten Gesetzesänderungen in die Praxis umsetzen und sie anwenden, so ist das Land binnen kurzem dazu in der Lage, vollwertiges EU-Mitglied zu werden.

7.2 Der Zypern-Konflikt

7.2.1 Ein geschichtlicher Überblick

Der Zypern-Konflikt entstand nicht erst, als die Insel geteilt wurde, sondern bereits, als die Briten Einfluss auf das Schicksal der Insel nahmen und dabei beide Bevölkerungsteile gegeneinander ausspielten, um die eigene machtpolitische Position zu festigen. Der Zypern-Konflikt ist das größte Hindernis der lang ersehnten türkisch-griechischen Versöhnung. Eine Versöhnung wird nie stattfinden, solange die Bürger der betroffenen Parteien weiterhin auf Hardliner setzen und die Regierungen die Konflikte für ihre innenpolitischen Belange instrumentalisieren.

Der Konflikt ist einer der längst andauernden in Europa, der bis heute nicht gelöst werden konnte. Vielleicht aufgrund seiner geographischen Lage und der sich daraus ergebenden strategischen Bedeutung ist Zypern schon seit jeher der Berührungspunkt vieler Kulturen und Zivilisationen. Als Folge des russisch-osmanischen Krieges von 1877/78 wurde die zum Osmanischen Reich gehörende Insel auf dem Berliner Kongress von 1878 Großbritannien überantwortet.[381] Am 4. Juni 1878 erfolgte die Verpachtung Zyperns an Großbritannien, weil die Osmanen in diesem Jahr von den Russen besiegt worden waren und Angst vor einer Annexion Zyperns durch die Russen hatten.[382] Die im 19. Jahrhundert

---

378 Quaisser, Wolfgang: Die Türkei in der Europäischen Union? Osteuropa-Institut München, Wirtschaftswissenschaftliche kurze Analyse und Informationen, Nr. 11, März 2004. Siehe auch unter: http://www.lrz-muenchen.de/~oeihist/, 7.8.2004.

379 Ebenda, S. 16.

380 Ebenda, S. 16.

381 Campany, Richad, C.: Turkey and The United States. The arms embargo period. New York.. 1988, S. 30.

382 Geiss, Immanuel: Der Berliner Kongress 1878. Protokolle und Materialien. Boppard am Rhein, 1979.

aufkeimende Idee des Nationalismus führte Mitte des Jahrhunderts im gesamten Europa und auch im osmanischen Herrschaftsbereich zu den bekannten nationalistischen Revolutionen.

Nach dem Erreichen der Unabhängigkeit Griechenlands formierte sich eine Bewegung griechischer Zyprioten mit dem Name „Enosis", deren Ziel die Vereinigung Zyperns mit dem griechischen Festland war. Die türkischen Inselbewohner, ca. 20 Prozent der Gesamtbevölkerung, brachten ebenso wie die osmanische Regierung nur wenig Sympathie für die Idee auf. In der Folgezeit kam es daher immer wieder zu blutigen Konflikten zwischen den beiden Volksgruppen auf Zypern. Unter dem Einfluss nationalistischer Ideologien verwandelten sich die interkommunalen Beziehungen von einem Verhältnis des Nebeneinanders zu einem Verhältnis des Gegeneinanders.[383] Der Eintritt des Osmanischen Reiches in den Ersten Weltkrieg hatte die formelle Annexion der Insel durch die Briten zur Folge, in dem 1923 geschlossenen Friedensvertrag von Lausanne erkannten Griechenland und die nun kemalistische Türkei die Annexion Zyperns durch die Briten offiziell an.

Im Jahre 1925 wurde Zypern zur britischen Kronkolonie erklärt und dem Commonwealth angeschlossen. Dennoch verschärften sich während der britischen Herrschaftszeit die ethnischen Konflikte auf Zypern. England wandte in Zypern eine Politik des „divide and rule" an, indem die beiden Volksgruppen voneinander getrennt und gegeneinander ausgespielt wurden, um gemeinsamen Widerstand gegen die Kolonisationsherrschaft zu verhindern. Nur während des Zweiten Weltkrieges beruhigte sich vorübergehend die Situation. Ende der 40er Jahre verkündeten die Briten eine neue Verfassung für Zypern. Diese verschaffte der „Enosis-Bewegung" neuen Auftrieb.

Im Jahre 1950 setzte sich das Oberhaupt der griechisch-zypriotisch-orthodoxen Kirche, Erzbischof Makarios III., an die Spitze der Enosis-Bewegung. In einem von ihm vor seiner Wahl zum Erzbischof initiierten heimlichen Plebiszit sprachen sich 95,7 Prozent der griechischen Zyprioten für einen Anschluss der Insel an Griechenland aus. Allerdings weigerte sich Großbritannien beharrlich, Zypern in die gewünschte Unabhängigkeit zu entlassen, denn Zypern war aufgrund der Abhängigkeit Englands von persischem Öl[384] zu einem strategisch wichtigen Militärstützpunkt der Briten geworden.[385]

Am 20.8.1954 beantragte der griechische Ministerpräsident Papagos in der UNO, das Zypernproblem auf die Tagesordnung zu setzen. Damit wurde der Konflikt auf internationale Ebene gebracht.[386] Ab 1955 begann die griechisch-

---

383 Meinardus, Roland: Der griechisch-türkische Konflikt. Über den militärischen Status der Ostägäischen Inseln. In: Europa Archiv, 40/1985, S. 41-48.
384 Richter, Heinz: Der griechisch-türkische Konflikt und die Haltung der Sowjetunion, o. O., 1987.
385 Campany, Richard C, S. 32.
386 Grothusen, Klaus-Detlev: Türkei. Südosteuropäisches Handbuch. Göttingen 1985, Bd. 4, S. 126.

nationalistische Untergrundorganisation „Ethnik Organosis Kiprion Agoniston" (EOKA) unter Führung General G. Grivas einen Guerillakrieg gegen die britischen Kolonialherren. Die EOKA ist eine Terrororganisation, die gegen Briten und Türken auf der Insel arbeitete.[387] Die griechische Regierung in Athen ermunterte und unterstützte verstärkt die Untergrundbewegung EOKA. Mit dem beginnenden Guerillakrieg verschärften sich auch die Auseinandersetzungen zwischen griechischen und türkischen Inselbewohnern. Zunächst reagierten die Briten mit der Verschärfung des Strafrechts, mit der Verhängung der Ausgangssperre, mit einem Ausnahmerecht und der Erhöhung ihrer Truppenstärke auf 37.000 Mann. Bald erkannten sie jedoch, dass eine militärische Lösung des Zypernkonflikts aufgrund seiner Vielschichtigkeit unmöglich sei. Außerdem fürchtete die NATO einen im Inneren des Bündnisses ausgetragenen Konflikt zwischen Griechenland und der Türkei.[388]

Die britische Regierung reagierte auf diese Einsicht mit der Einladung Griechenlands zur einen Konferenz. In London sollten im August 1955 Verhandlungen zur Lösung des Zypernproblems geführt werden. Mit dieser Konferenz beabsichtigten die Briten, die Türkei in die Zypernfrage mit einzubeziehen. Durch die Einladung der Türkei wurde sie zum ersten Mal offiziell als gleichberechtigter Partner ins Spiel gebracht.[389] Das sollte für Zypern, Griechenland und die Türkei selbst weit reichende Folgen haben. Zunächst verschärfte die Tatsache der Beteiligung der Türkei an der Konferenz die Situation zwischen den beiden zypriotischen Volksgruppen. Da die griechische Regierung für ihre Landsleute ebenfalls Partei ergriff, führten die Gewalttätigkeiten zwischen griechischen und türkischen Inselbewohnern von September 1955 die Türkei und Griechenland zum ersten Mal seit 1919 an der Rande eines Krieges.[390]

Die darauf folgenden Gespräche, z.B. die Konferenz von London und das Treffen zwischen Makarios und Harding, dem britischen Gouverneur Zyperns, brachten keine greifbaren Erfolge. Weitere Anschläge und Aufstände, die zum Teil auch von Provokateuren der beiden Seiten geführt wurden, folgten.

Die Eskalation der Gewalttätigkeit zwischen den beiden zypriotischen Volksgruppen veranlasste die Briten, im November 1955 den Ausnahmezustand über die Insel zu verhängen.[391] Darüber hinaus verschärften sie das Strafrecht dahingehend, dass die Mitgliedschaft in der EOKA mit der Todesstrafe belegt wurde. Die zunehmende Krisenstimmung dieser Zeit, insbesondere im Nahen und Mittleren Osten, trug ebenfalls zur Verschärfung der Lage bei. Zwar hatte

---

387 Murat, Ercan: Der Zypernkonflikt und die Beziehungen Zyperns mit der EU bis in die jüngste Zeit. Wien 2003, S. 20.
388 Pfetsch, Frank R.: Konflikt seit 1945. Daten – Fakten – Hintergründe. Bd. 1, Europa, Würzburg 1991, S. 78.
389 Richter, Heinz, S. 8.
390 Grothusen, Klaus-Detlev, S. 52.
391 Murat, Ercan, S. 20.

die britische Regierung unter Macmillian im Zuge der Suezkrise von 1956 ihre Bereitschaft signalisiert, den Einfluss auf Zypern zu verringern, jedoch interpretierte Ankara dies als ein Nachgeben in der Enosis-Frage und drohte erstmals mit der Invasion.[392]

Der nächste Lösungsversuch der britischen Regierung, der so genannte Radcliff-Plan vom Dezember 1956, der die Errichtung einer Doppelherrschaft sowie das Selbstbestimmungsrecht für beide zypriotischen Volksgruppen vorsah und die Basis für die zukünftigen konstitutionellen Bedingungen auf Zypern darstellte, scheiterte genauso wie die vorhergegangenen Verhandlungen. Nach dem Ende der Suezkrise verstärkten die Briten ihre militärischen Aktionen gegen die terroristische EOKA, und es gelang ihnen, führende EOKA-Kämpfer zur verhaften bzw. zu töten. Dies brachte den EOKA-Terror quasi zum Erliegen, der verbannte Erzbischof Makarios durfte aus seinem Exil zurückzukehren. Zunächst bewirkte die britische Konzessionsbereitschaft eine Entspannung der Lage auf Zypern, denn nach der Rückkehr Makarios erklärte sich die EOKA bereit, einem Waffenstillstand zuzustimmen.

Dieser wurde zwar von März bis Oktober eingehalten, aber von allen Seiten zur Reorganisation und Aufrüstung genutzt. Nachdem es im Sommer 1957 wiederum zu Übergriffen der EOKA gegen türkische Zyprioten gekommen war, gründete der türkischstämmige Jurist Rauf Denktas als Gegenpol zur EOKA die rechtsgerichtete TMT (Türk Müdafa Teskilati).[393] Das hatte am Ende des Jahres 1957 das Wiederaufflammen der gewalttätigen Auseinandersetzungen auf Zypern zur Folge. Sie nahmen bald bürgerkriegsähnliche Ausmaße an und führten zu einem militärischen Patt[394] und schließlich zur allseitigen Einsicht, dass eine weitere Eskalation sinnlos sei. Erstmals zeigten sich alle Parteien konzessionsbereit. Die Zyperngriechen verzichteten auf die Vorherrschaft auf der Insel. Mit ihrer Ost-Mittelmeerpolitik hatten die Briten also auch ihre Zypernpolitik geändert. Sie überließen es den Regierungen Griechenlands und der Türkei, den Unabhängigkeitsprozess Zyperns in Gang zu setzen. Zitat nach Kemal Özden[395]:

Bei der NATO-Konferenz in Paris im Januar 1959 trafen der türkische Außenminister Zorlu und der griechische Außenminister Averoff zusammen und besprachen das Zypernthema. Sie einigten sich darauf, dass die griechische Seite von ihren Vorstellungen der Aufteilung abgehen wird und ein unabhängiges Zypern gegründet werden soll. Am Ende der in Zürich vom 6. bis 11. Februar durchgeführten Verhandlungen wurden drei Verträge (die Basisstruktur der Republik Zypern, der Garantievertrag und der Bündnisvertrag) vom türkischen und vom griechischen

392 Richter, Heinz, S. 9.
393 Manizade, Dervis: 65 yil Boyunca Kibris Belge ve Resimlerle yazdiklarim Söylediklerim. Istanbul 1993, S. 571-572.
394 Pfetsch, Frank R., S. 79.
395 http://www.tu-darmstadt.de/hg/tak/tak-arsiv/tak-arsiv97/Zypernkonflikt.doc, 21.5.2005.

Premierminister, Menderes und Karamanlis, unterzeichnet, die die Gründung der Republik Zypern vorsahen. Diese Verträge wurden am 19. Februar 1959 sowohl von den Vertretern Großbritanniens, der Türkei und Griechenlands als auch von den Vertretern der Zyperntürken und der Zyperngriechen angenommen.

Der Vertrag über die Basisstruktur Zyperns sah folgende Regelungen vor: Der Präsident sollte Grieche, sein Vize ein Türke sein; die offiziellen Sprachen sollten Türkisch und Griechisch sein. Das Parlament sollte aus 70 Prozent Griechen und 30 Prozent Türken bestehen. In Angelegenheiten der Verteidigung, Sicherheit und Außenpolitik sollten der Präsident und sein Vize jeweils ein Vetorecht besitzen. Angestellte des öffentlichen Dienstes sollten sich zu 70 Prozent aus Griechen und 30 Prozent aus Türken zusammensetzen. In Zyperns fünf großen Städten und in Regionen, die mehrheitlich von Türken bewohnt werden, sollten diese ihre eigene Lokalverwaltung etablieren können, die 2.000 Mann starke zyprische Armee sollte zu 60 Prozent aus Griechen und zu 40 Prozent aus Türken bestehen.

Nach dem Garantievertrag ist die Republik Zypern ein unabhängiger Staat. Er darf nicht - auch nicht teilweise - mit einem anderen Staat eine wirtschaftliche Einheit bilden. Bei Verletzung dieses Prinzips sind die Türkei, Griechenland und Großbritannien berechtigt zu intervenieren. Nach dem von der Türkei und Griechenland unterzeichneten Bündnisvertrag sollten die Parteien in Angelegenheiten der Verteidigung kooperieren, und es sollten in Zypern eine 650 Mann starke türkische und eine 950 Mann starke griechische Einheit präsent sein. Somit war das Grundgerüst der aus zwei Volksgruppen bestehenden Republik Zypern mit gemeinsamer Hegemonie der türkischen und griechischen Bevölkerung errichtet.[396]

Die Griechen auf Zypern, die die Gründung der unabhängigen Republik Zypern lediglich als eine Zwischenstufe auf ihrem Weg zur Enosis betrachteten, ließen mit Aktionen nicht lange auf sich warten, um den Zyperntürken ihre verfassungsmäßigen Rechte streitig zu machen. Als Erstes wollte Makarios, der behauptete, dass in den fünf großen Städten Zyperns kein Grund für eine eigene lokale Verwaltung der Türken bestünde, den Türken dieses ihr verfassungsmäßiges Recht aberkennen. Die türkische zypriotische Seiten lehnte die Vorschläge ab, und in ihrer Folgen führten die Vorschläge Makarios' zu einer schweren innenpolitischen Krise.[397]

Als seine Vorgehensweise von Seiten der Türken zurückgewiesen wurde, begab sich Makarios im März 1963 an die einseitige Verordnung. Der neutrale Vorsitzende des Obersten Verfassungsgerichthofes von Zypern, Prof. Dr. Ernst Forsthof, erklärte diese Verordnung für verfassungswidrig. Makarios, der noch weiter ging, eröffnete Fazil Kücük (Ver-

---

396 http://www.tu-darmstadt.de/hg/tak/tak-arsiv/tak-arsiv97/Zypernkonflikt.doc, 21.5.2005. Mehr dazu siehe auch: Dischler, Ludwig: Die Zypernfrage. Frankfurt 1960, S. 147-156.

397 http://www.tu-darmstadt.de/hg/tak/tak-arsiv/tak-arsiv97/Zypernkonflikt.doc, 21.5.2005. Mehr dazu siehe auch: Meinardus, Roland, S. 378.

treter und Vizepräsident der Türkischen Republik Nordzypern) seinen 13
Punkte umfassenden Vorschlag zur Änderung der Verfassung mit dem
Ziel, die verfassungsmäßigen Rechte der Türken aufzuheben. Die Türkei,
die gegen die Vorschläge scharf protestierte, sandte Makarios eine Note,
die dieser zurückwies.

Schon bald nach der Gründung der Republik Zypern 1960 hatte Präsident Makarios angefangen, eine Organisation für das Erzielen einer abschließenden Lösung – d.h. für ein Zypern unter griechischer Verantwortung – einzurichten. Die Organisation sollte vom Innenminister, Policarpos Yorgadjis, geführt werden. Makarios und seine Mannschaft stellten ein Dokument mit dem Codenamen „Akritas" zusammen, das Mitte 1963 in der EOKA als geheimes Rundschreiben verteilt wurde. Der Akritas-Plan enthielt Richtlinien für die Erreichung der Enosis durch Ausrottung der türkisch-zypriotischen Bevölkerung auf der Insel. Eine griechisch-zypriotische Zeitung, Patircs, veröffentlichte die Details dieses Planes für einen Genozid im April 1966 – bis zu diesem Zeitpunkt war das Dokument ein gut gehütetes Geheimnis gewesen.

Die Zypern-Griechen, die die Verfassungsänderungsvorschläge nicht durchsetzen konnten, begaben sich mit Waffengewalt an die Realisierung des Akritas-Plans zur Entfernung der Türken aus der Verwaltung und zu ihrer Vertreibung von der Insel,[398] was im Dezember in einen offenen Bürgerkrieg mündete.[399] Im Dezember 1963 begannen die Griechen mit ihren bewaffneten Angriffen auf türkische Zyprioten. Bei den Übergriffen, die am 30. Dezember mit der Teilung Nikosias zwischen Türken und Griechen an der „Grünen Linie" endeten, wurden 1. 000 Türken getötet[400].

Die Griechen, die 103 türkische Dörfer vollkommen zerstörten, evakuierten mehr als 30.000 Türken aus diesen Orten[401]. Die türkische Regierung versuchte daraufhin vergeblich, die beiden anderen Garantiemächte zu einer gemeinsamen Intervention zu bewegen. *Meanwhile, on Christmas Day, Turkish aircraft buzzed the island as a warning against further attacks on the Turkish-Cypriot Community.*[402]

---

398 Denktas, Rauf, R.: The Cyprus Triangle. New York 1988, S. 231-243. Oder auch unter: http://64.233.183.104/search?q=cache:VuHZNChNyBcJ:www.tu-darmstadt.de/hg/tak, 5.3.2004.
399 Meinardus, Roland, S. 378.
400 http://64.233.183.104/search?q=cache:VuHZNChNyBcJ:www.tu-darmstadt.de/hg/tak, 5.3.2004.
401 http://64.233.183.104/search?q=cache:VuHZNChNyBcJ:www.tu-darmstadt.de/hg/tak, 5.3.2004.
402 Feroz, Ahmad: Die Suche nach einer Ideologie in der kemalistischen Türkei 1919-1939. In: Naher Osten in der Zwischenkriegszeit 1919-1939. Stuttgart 1989, S. 140. Oder siehe auch unter: http://www.hausarbeiten.de/faecher/hausarbeit/pob/7189.html, 12.3.2003.

Am 13. März schickte der damalige türkische Ministerpräsident Inönü eine Note an Makarios, in der er das militärische Eingreifen der Türkei androht, sollten die Übergriffe auf die türkische Minderheit nicht beendet werden.[403] Makarios ignorierte die Ankündigung militärischer Schritte, woraufhin die türkische Nationalversammlung am 16.3.1964 mit überwältigender Mehrheit die Möglichkeit der alleinigen Intervention der türkischen Armee auf Zypern gemäß Artikel 4 des Garantievertrages (s. o.) aufgrund fortgesetzter Bedrohung der auf Zypern lebenden Türken als rechtmäßig zuließ.[404] Angesichts der eskalierenden Lage des Zypernkonflikts beschloss der Weltsicherheitsrat am 4.3.1964 die Entsendung einer Friedenstruppe (UNFICYP) und die Bestellung eines Vermittlers als Beauftragter des Generalsekretärs der UNO.[405] Die USA als Hegemoniemacht der NATO griffen aufgrund der türkischen Pläne zur militärischen Intervention auf Zypern direkt und massiv in den Zypernkonflikt ein.[406]

Der Brief des amerikanischen Präsidenten Johnson an Inönü, der in der Folgezeit für großes Aufsehen sorgte und erheblich zur Verschlechterung des türkisch-amerikanischen Verhältnisses beitrug, beinhaltete eine „Warnung". Johnson untersagte Inönü die Benutzung von in den USA gekauften Waffen ohne die Zustimmung der Vereinigten Staaten[407]. Dieser Drohbrief bewirkte, dass die türkisch-amerikanischen Beziehungen in die schwerste Krise seit dem Zweiten Weltkrieg gerieten.[408]

Nachdem die Griechen im August in der Region Erenköy lebende Türken überfallen hatten, bombardierten türkische Jets griechische Stellungen in der Region[409]. Nach diesem Ereignis forderte Inönü in einem Aufruf Griechenland zu neuen Verhandlungen zwischen den beiden Ländern auf. Die Verhandlungen dauerten bis Oktober 1965, blieben jedoch ohne Ergebnis.[410] Nach dem Militärputsch in Griechenland im April 1967 gewannen die griechisch-zyprischen Angriffe neuen Auftrieb. Die Angriffe dauerten von Juni bis Dezember an.

403 Feroz, Ahmad, S. 140. Oder siehe auch unter: http://www.hausarbeiten.de/faecher/hausarbeit/pob/7189.html, 12.3.2003.

404 Grünebaum, G.E.V: Das Osmanische Reich und die moderne Türkei. In: Die islamistischen Reiche nach dem Fall von Konstantinopel. Fischer Weltgeschichte, Frankfurt am Main 1988, S. 128. Oder siehe auch unter: http://www.hausarbeiten.de/faecher/hausarbeit/pob/7189.html, 12.3.2003.

405 Grünebaum, G.E.V, S. 126. Oder siehe auch unter: http://www.hausarbeiten.de/faecher/hausarbeit/pob/7189.html, 12.3.2003.

406 Richter, Heinz, S. 10. Oder siehe auch unter: http://www.hausarbeiten.de/faecher/hausarbeit/pob/7189.html, 12.3.2003.

407 http://www.hausarbeiten.de/faecher/hausarbeit/pob/7189.html, 12.3.2003.

408 Pöschl, Reiner: Vom Neutralismus zur Blockpolitik. Hintergründe der Wende in der türkischen Außenpolitik nach Mustafa Kemal Atatürk. München 1989, S. 344. Oder siehe auch unter: http://www.hausarbeiten.de/faecher/hausarbeit/pob/7189.html, 12.3.2003.

409 http://www.hausarbeiten.de/faecher/hausarbeit/pob/7189.html, 12.3.2003.

410 Elena, Valentina: Das Zypern-Problem. 2002.

Dieses Mal entschloss sich die zu diesem Zeitpunkt amtierende Demirel-Regierung am 17. November zur militärischen Intervention auf Zypern, ließ sich jedoch erneut durch einen Warnbrief von US-Präsident Johnson von diesem Vorhaben abhalten. Aufgrund dieser Entwicklung gründeten die Zypern-Türken den Provisorischen Türkischen Verwaltungsrat Zyperns. Zum Vorsitzenden wurde Fazil Kücük und zum stellvertretenden Vorsitzenden der Gemeinderatsvorsitzende Rauf Denktas gewählt (27. Dezember 1967). Bei den zwischen Rauf Denktas, dem am 13. April 1968 die Rückkehr nach Zypern gestattet wurde, und Klerides von Juli 1968 bis Januar 1973 mit mehreren Unterbrechungen geführten Volksgruppengesprächen konnte keine Einigung erzielt werden.

Im September 1971 kehrte Grivas, der nach den Ereignissen von 1967 seines Amtes enthoben und nach Griechenland zurückgeschickt worden war, heimlich auf die Insel zurück, gründete die EOKA-B und setzte seine Überfälle auf die Türken bis zu seinem Tod am 27. Januar 1974 fort. Der von Seiten der Militärjunta in Griechenland unterstützte EOKA-Kämpfer Nikos Sampson entfernte Makarios durch einen Putsch aus seinem Amt und leitete Bestrebungen zur Vereinigung Zyperns mit Griechenland ein.

Hierauf beschloss die Regierung Ecevit die Militärintervention. Sie sah sich zu dieser Reaktion gezwungen, da die Machtübernahme Sampsons eine nicht hinnehmbare „Verschiebung des Gleichgewichts auf der Insel und in der Region[411]" bedeutete.

Diesmal wurde der Beschluss trotz aller Verhinderungsversuche der USA in die Tat umgesetzt: Ab dem 20. Juli wurden türkische Soldaten auf Zypern stationiert. Bis zum Waffenstillstand am 22. Juli 1974 brachte die türkische Armee 8 Prozent der Insel unter ihre Kontrolle. Am 23 Juli zog sich Sampson zurück, und Klerides trat an seine Stelle. Am folgenden Tag wurde die Militärjunta in Griechenland gestürzt, und Karamanlis wurde Premierminister.

Als bei der Konferenz vom 25. Juli bis 14. August keine Einigung erzielt wurde, brachte die türkische Armee bei einer zweiten Offensive auf der Insel, die sie am 14. August begann und am 16. August beendete, den nördlichen Abschnitt der Linie Girne-Lefkose-Magosa (Lefke-Nikosia-Famagusta)[412] unter ihre Kontrolle (ca. 36 Prozent der Insel). Laut Vertragsabschluss mit dem griechischzyprischen Bevölkerungsteil im Oktober wurden die Türken im Süden in den Norden und die Griechen im Norden in den Süden der Insel umgesiedelt.[413] Im Dezember wurden die Volkgruppengespräche erneut aufgenommen.[414]

---

411 Pfetsch, Frank R.., S. 97.
412 Meinardus, Roland, S. 382.
413 Rüstow, Dankwart A.: Unutulan Müttefik; Türkise (Vergessener Verbündeter; Türkei). Ins Türkische übersetzt von Hakan Türkkusu.
414 Heinze, Christian: Zypern – der Konflikt und die Rechtslage. München 2003.

Nachdem die Gespräche kein Resultat brachten, proklamierten die Türken am 13. Februar 1975 die Gründung des türkischen Bundesstaates von Zypern. Als die griechische Seite auch bei den hierauf folgenden Volksgruppengesprächen eine Gleichberechtigungslösung mit den Türken nicht akzeptierte, wurde am 15. November 1983 die Türkische Republik von Nord-Zypern[415] (TRNZ) ausgerufen.

Bei den nach der Proklamation der TRNZ erneut aufgenommenen Volksgruppengesprächen im Jahre 1985, die mit mehrmaliger Unterbrechung bis zum Jahre 1994 fortgesetzt wurden, kam es zu keinem Ergebnis. Die griechische Seite, die einsah, dass sie die Enosis nicht mit Gewalt erzwingen konnte, beantragte im Jahr 1990 die volle Mitgliedschaft in der EU in der Absicht, ihr Ziel mit der Unterstützung der EU-Länder zu erreichen. Dieser Antrag, der den Verträgen von 1959 widersprach, wurde im Namen einer seit 1963 nicht mehr existierenden Republik Zypern gestellt, als ob auf Zypern keine Türken existieren würden. Bis zum heutigen Tag konnte der Zypernkonflikt nicht gelöst werden, obwohl sämtliche relevanten Institutionen wie die Vereinten Nationen, EG/EU, NATO und der Europarat zu vermitteln versuchten. Seit dem Tag der Invasion bildete Zypern für die Türkei das wichtigste außenpolitische Problem, und auch nach der EU-Vollmitgliedschaft des südlichen Teils Zyperns blieb es als Sackgasse bestehen.

7.2.2 Die aktuelle Lage

Zypern ist aufgrund seiner strategischen Lage von großer Bedeutung. Bei den Golfkriegen zielten die USA u. a darauf ab, alle Ölquellen der Region unter ihre Kontrolle zu bringen. Sie unternahmen alles, um dieses Vorhaben zu erreichen. Das Bestreben des letzten Golfkrieges lag darin, das Saddam-Regime stürzen und eine neue irakische Regierung einzusetzen, d.h. besitzen die USA Kontrolle über den Irak, so können sie von dort aus die Ölquellen in allen arabischen Staaten und im gesamten Mittleren Osten kontrollieren.

Dadurch bleibt der EU der Zugang zu den Ölquellen und zu den Staaten dieses Gebietes verwehrt, die USA nehmen eine uneingeschränkte Vormachtstellung ein. Mit der Mitgliedschaft Zyperns in der EU gelang es, eine weitere Einflussnahme der USA zu verhindern. Die EU beeilte sich mit der Aufnahme Zyperns, weil die Insel eine Brücke zwischen der EU und den Staaten im Osten bildet. Die französische Europaministerin Noelle Lenoir, die sich zu einem zweitägigen Besuch auf Zypern aufhielt, bezeichnete die Unterzeichnung als historischen Akt, der das Land zu einer Brücke zwischen Europa und dem Nahen Osten werden lasse.[416]

---

415 KKTC= Kuzey Kibris Türk Cumhuriyeti.
416 Die Presse, 29.7.2003, S. 3.

Eine geeinte Insel würde allerdings der EU-Strategie mehr entgegenkommen. UN und EU haben sich daher verbündet, um die griechische und die türkische Volksgruppe unter Druck zu setzen mit dem Ziel, durch separate Referenden der griechischen und türkischen Zyprer einvernehmlich einen neuen einheitlichen, der EU beitretenden Staat zu schaffen.[417]

Um dies der türkischen Seite annehmbar erscheinen zu lassen, sollte dieser Staat wie eine Föderation gestaltet sein. Aufgrund internationalen Drucks haben beide Konfliktparteien Verhandlungen über eine Wiedervereinigung der Insel nach Maßgabe eines vom Generalsekretär der Vereinten Nationen, Kofi Annan, vorgelegten Plans (dem so genannten Annan-Plan) aufgenommen. Aber diese Verhandlung führten zu nichts anderem als bedingten Zustimmungen beider Parteien über die Gestaltung einiger Einzelheiten eines gemeinsamen Staates für den Fall, dass ihre grundlegenden Ziele realisiert würden – wobei diese Ziele hauptsächlich in der griechischen Vorherrschaft und in der türkischen Selbstregierung bestanden, was schwer vereinbar scheint.[418] Der Annan-Vorschlag sah eine Konföderation vor, die sich aus zwei relativ selbständigen Teilstaaten zusammensetzt. Der so genannte Annan-Plan besteht aus folgenden Komponenten:

Staatenbund

Das Zypern der Zukunft soll aus zwei Kantonen bestehen, die unter dem Dach einer gemeinsamen Bundesregierung international mit einer Stimme sprechen. Dabei werden jedoch jedem Teilstaat weitgehende Selbstverwaltungsrechte zugestanden, d.h. sowohl Zyperngriechen als auch Zyperntürken haben eine eigene Verfassung, ein eigenes Parlament und eine eigene Regierung. Zudem dürfen beide Volksgruppen eigenständig kommerzielle und kulturelle Beziehungen zu anderen Staaten unterhalten.[419]

Exekutive

Im politischen System Zyperns gelten nach wie vor die Prinzipien einer Präsidialdemokratie. Die Exekutive wird von einem Präsidialrat ausgeübt, der aus sechs gewählten Mitgliedern (vier Zyperngriechen und zwei Zyperntürken) besteht, die zugleich als Bundesminister fungieren. Aus diesem Kreis werden im Wechsel von jeweils zehn Monaten der Präsident und der Vizepräsident gestellt. In der Praxis werden aber zunächst für eine Übergangszeit von drei Jahren die beiden amtierenden Volksgruppenführer als Doppelspitze die Amtsgeschäfte des Staates führen.[420]

---

417 http://www.crh.camelot.de. 19.11.2004.
418 http://www.crh.camelot.de, 15.11.2004.
419 http://www.europa-digital.de/aktuell/dossier/tuerkei/zypern.shtml, 23.7.2004.
420 http://www.cyprus-un-plan.org/annan_plan_text1_Tr.html, 27.10.2004.

Legislative

Die legislative Gewalt obliegt im wiedervereinigten Zypern zwei Kammern: dem Senat und dem Abgeordnetenhaus. Im Senat sind die beiden Volksgruppen mit jeweils 24 Vertretern repräsentiert. Das Abgeordnetenhaus besteht aus 48 Parlamentariern und ist proportional zur Bevölkerung zusammengesetzt. Dabei muss gewährleistet sein, dass jeder Teilstaat mindestens ein Viertel aller Sitze erhält.[421]

Judikative

Der Oberste Gerichtshof besteht aus neun Richtern, von denen jeweils drei griechisch-zypriotischer, türkisch-zypriotischer und fremder Herkunft sind (wobei die Letzteren keine Staatsbürger der Garantiemächte Griechenland, Großbritannien und Türkei sein dürfen).[422]

Militär

Das wiedervereinigte Zypern soll vollständig entmilitarisiert werden. Die türkischen Besatzungssoldaten sollen vorerst auf eine höchstens vierstellige Zahl reduziert werden. Eine militärische Präsenz in gleicher noch festzulegender Stärke wird im Süden der Insel auch Griechenland zugestanden. Die UN-Friedenstruppen (derzeit ca. 2.000 Soldaten) bleiben vorerst noch stationiert.[423] Die Verhandlungen verliefen nicht erfolgreich, obwohl die Türkei den Plan unterstützte und alles zu seinem Gelingen beitrug.

Im vergangenen Jahr hat die türkische Regierung aktive und konstruktive Anstrengungen unternommen, um eine umfassende Lösung des Zypern-Problems zu finden. Auf Einladung des UN-Generalsekretärs nahm der türkische Premierminister im März 2004 neben seinem griechischen Kollegen an den Verhandlungen mit beiden zyprischen Volksgruppen in Bürgerstock teil.

Die Türkei unterstützte dann den abschließenden Plan, den der UN-Generalsekretär im März 2004 vorlegte. Ferner unterstützte die Türkei das Referendum und rief die türkisch-zyprische Volksgruppe auf, dem Plan zuzustimmen.[424]

Die Bemühungen um eine Einigung scheiterten, Rauf Denktas lehnte den UN-Plan ab. Er begründete seine abweisende Haltung im Namen von 20.000 Zyprioten. „Wir haben nichts gegen die EU, aber wir haben etwas dagegen, dass die

---

421 http://www.cyprus-un-plan.org/annan_plan_text1_Tr.html, 27.10.2004.
422 http://www.cyprus-un-plan.org/annan_plan_text1_Tr.html, 27.10.2004.
423 http://www.cyprus-un-plan.org/annan_plan_text1_Tr.html, 27.10.2004.
424 Kommission der Europäischen Gemeinschaften, Brüssel, den 6.10.2004 SEK(2004) 12012004 Regelmäßiger Bericht über die Fortschritte der Türkei auf dem Weg zum Beitritt {COM(2004)656 final}.

EU als Druckmittel gegen uns gebraucht wird", sagte Rauf Denktas im Hinblick auf die EU-Bestrebungen der Türkei.[425] Die abschließenden Verhandlungen Ende März 2004 in der Schweiz sind ohne die angestrebte einvernehmliche Lösung geblieben. Ziel der Verhandlungen war es, den Beitritt eines wiedervereinigten Zyperns in die Europäische Union im Rahmen der EU-Osterweiterung, also einschließlich des nördlichen Teils, am 1. Mai 2004 nach 30 Jahren Teilung zu erreichen. Unter Leitung der UN und Kofi Annans wurde der Lösungsplan mehrfach überarbeitet.

Er sah eine Konföderation beider Teile nach Schweizer Muster vor, aber die griechischen Zyprioten erklärten sich mit vielen Punkten nicht einverstanden. Sie wollten all ihre Wünsche erfüllt haben, doch an einem solchen Verständnis müssen Pläne scheitern. Wer Wiedervereinigung möchte, sollte auch zu Kompromissen bereit sein und sie nicht nur von der Gegenseite verlangen.

Der Annan-Plan scheiterte bei einer Volksabstimmung am 24. April 2004, denn der griechische Teil der Insel lehnte den Plan mit großer Mehrheit ab, lediglich ein Viertel stimmte dafür. Auf griechischer Seite waren 480.000 Wähler stimmberechtigt. Im türkischen Teil stimmte eine knappe Zweidrittel-Mehrheit für den Plan. Ungefähr 150.000 Menschen waren wahlberechtigt.[426] Damit der Plan verwirklicht worden wäre, hätte es aber einer Mehrheit in beiden Teilen des Landes bedurft. Mit dem Scheitern der Abstimmung ist somit nur der griechische Teil Zyperns der EU beigetreten.[427] Details der beiden Referenden[428]:

Tabelle 6: Ergebnis der Volksabstimmung am 24. April 2004 auf Zypern

	Ja	Nein	Wahlbe-teiligung
Türkische Republik Nordzypern (türkisch)	64,90 %	35,09 %	87 %
Republik Zypern (Griechisch)	24,17 %	75,83 %	88 %

Der Zypern-Konflikt kam während des EU-Gipfels vom 16. und 17. Dezember auf die Tagesordnung, als das lange Ringen um eine Zypern-Formel der Entscheidung über die Aufnahme von Beitrittsverhandlungen mit der Türkei ihren

425 Kurier: EU macht Druck auf die Türkei; 12.3.2003, S. 5.
426 http://www.europa-digital.de/laender/zyp/nat_pol/einheit/refgesch.shtml, 9.2.2005.
427 http://de.wikipedia.org/w/wiki.phtml?title=Zypernkonflikt&action=history, 10.2.2005.
428 http://infos.aus-germanien.de/Zypern-Konflikt, 13.2.2005.

Stempel aufdrückte. Ergebnis war eine Absichtserklärung der Türkei, bis zum 3. Oktober 2005 ein Anpassungsprotokoll des Ankara-Vertrages, der Rechtsgrundlage der Beziehungen zwischen der EU und der Türkei, zu unterzeichnen.[429] Allerdings erklärt die türkische Regierung, dass damit nicht die offizielle diplomatische Anerkennung Süd-Zyperns als Republik Zypern vollzogen wird, dennoch sollte zumindest eine technische Arbeitsgrundlage geschaffen werden, um die Voraussetzung für weitere Abstimmungen mit der EU zu schaffen.[430] Zukünftige Schwierigkeiten lassen sich dadurch trotzdem nicht abwenden – das ist allen Beteiligten klar. Bereits im Vorfeld des Dezember-Gipfels von Brüssel hatte die griechisch-zypriotische Seite mehrfach mit einem Veto bei der Türkei-Entscheidung gedroht.[431]

Die EU-Pläne zur Aufhebung der Isolation von Nord-Zypern konnten bislang aufgrund der Haltung der griechischen Seite nicht verwirklicht werden.[432] Sollte nicht in absehbarer Zeit eine Lösung gefunden werden, droht auf jeder Etappe der Beitrittsverhandlungen mit der Türkei sowie bei der Heranführungsstrategie für Nord-Zypern eine ähnliche Auseinandersetzung wie diejenige im vergangenen Dezember. Nicht zuletzt das Bewusstsein um dieses Problem hat in den vergangenen zwei Wochen zu vielen öffentlichen Erklärungen zum Thema geführt.[433] Zuletzt hatte es u.a. geheißen, dass Ministerpräsident Erdogan das Weltwirtschaftsforum in Davos Ende Januar zu einem Gespräch mit UN-Generalsekretär Annan über eine Wiederaufnahme der Vermittlungsgespräche nutzen wolle.[434]

„Wir müssen eine Lösung finden, und wir möchten die Verhandlungen wieder aufnehmen", erklärte Erdogan.[435] Annan habe zugesagt, die türkischen Vorstellungen zu prüfen. Annan sagte am Freitag 11.2.2004 im griechisch-zypriotischen Fernsehen: „Ich würde jetzt Präsident Tassos Papadopoulos ermutigen, seine Ansichten zu Papier zu bringen. Dies würde jedem helfen, der sich um eine Lösung bemühen möchte."[436]

Zum jetzigen Zeitpunkt laufen wieder Bemühungen, neue Verhandlungen über die Wiedervereinigung Zyperns aufzunehmen und Vertreter beider Parteien an einen Tisch zu bekommen. Den Teilnehmern muss wohl auch deutlich gemacht werden, dass dies der letzte Versuch vor einer endgültigen Spaltung der

429 http://derstandard.at/?url=/?id=1948664, 12.2.2005.
430 http://www.istanbulpost.net/05/01/03/zypern.htm, 17.2.2005.
431 http://derstandard.at/?url=/?id=1948664, 21.2.2005.
432 http://www.istanbulpost.net/05/01/03/zypern.htm, 15.2.2005.
433 http://www.istanbulpost.net/05/01/03/zypern.htm, 17.2.2005.
434 http://www.tagesschau.de/aktuell/meldungen/0,1185,OID2862308_TYP6_THE_NAVSPM
     11174_REF3_BAB,00.html, 21.2.2005.
435 http://www.tagesschau.de/aktuell/meldungen/0,1185,OID2862308_TYP6_THE_NAVSPM
     11174_REF3_BAB,00.html, 21.2.2005.
436 http://kurier.at/ausland/890065.php, 23.2.2005.

Insel in zwei selbständige Staaten sein wird.[437] Denn ohne eine solche Endper-
spektive besteht die Gefahr, dass die Instabilität und die Spannung um Zypern
als potenzieller Krisenherd im östlichen Mittelmeer noch für weitere Jahrzehnte
fortbesteht.[438] Ein gelöster Zypern-Konflikt hingegen wird das griechisch-türkische Außenpolitikverständnis ändern und wichtige Friedensschritte einleiten.

---

437 http://www.istanbulpost.net/05/01/03/zypern.htm, 22.2.2005.
438 http://www.istanbulpost.net/05/01/03/zypern.htm, 20.2.2005.

8 Die wichtigsten Streitpunkte in der Türkei-Debatte

Seit dem Gipfel von Helsinki, auf dem der Türkei die Beitrittskandidatur zugestanden wurde, entwickelte sich das Land immer mehr zum Streitthema, denn die europäische Öffentlichkeit diskutiert erbittert, ob die türkischen Vollmitgliedswünsche überhaupt verwirklicht werden sollen. Die geographische Lage der Türkei, kulturelle, politische und ökonomische Unterschiede gelangen zur Sprache. Die allgemeine Diskussion um einen türkischen EU-Beitritt lässt sich auf zwei sehr unterschiedlichen Ebenen führen: Einmal geht es um die Frage, ob die Türkei die Maßstäbe der Kopenhagener Kriterien erfüllen oder nicht erfüllen könne.[439] Diese Diskussionsebene wird dadurch erleichtert, dass die EU-Kommission in regelmäßigen Abständen Berichte über die Fortschritte vorlegt, die einen sachlichen Maßstab für die Debatte bereitstellen. Dabei zeigt sich, dass die Türkei auf allen Gebieten wichtige, zum Teil erstaunliche Fortschritte gemacht hat.[440]

Die zweite Diskussionsebene ergibt sich nicht aus der Frage, ob die Türkei „reif" für einen EU-Beitritt sei, sondern ob dieser Beitritt an sich wünschenswert und vorteilhaft oder eben nachteilig für die EU sei.[441] Dadurch kommen ganz andere Argumente zum Tragen, die nach den kulturellen, politischen, sozialen und wirtschaftlichen Wirkungen eines EU-Beitritts der Türkei fragen. Fragen nach Grenzziehungen zwischen Europa und der Türkei, nach europäischer Identität, nach der Belastbarkeit der EU spielen hier eine Rolle.[442]

Ich werde diese Diskussionsthemen, die die wichtigsten Streitpunkte in der Türkeidebatte gewesen waren und über die in den letzten Monaten des Jahres 2004 häufig diskutiert wurde, darstellen.

---

439 http://www.bpb.de/themen/I13FQB,0,0,Keine_Aufnahme_der_T%FCrkei_in_die_EU.html, 7.11.2004.
440 http://www.bpb.de/themen/I13FQB,0,0,Keine_Aufnahme_der_T%FCrkei_in_die_EU.html, 10.11.2004.
441 http://www.bpb.de/themen/I13FQB,0,0,Keine_Aufnahme_der_T%FCrkei_in_die_EU.html, 9.1.2004.
442 http://www.bpb.de/themen/I13FQB,0,0,Keine_Aufnahme_der_T%FCrkei_in_die_EU.html, 21.11.2004.

8.1 Die Türkei und die europäische Identität

Die europäische Identität gelangte immer wieder zur Sprache. Auch im Rahmen der soziologischen Diskussionen wird öfters der Begriff „Identität" verwendet. Einige sprechen von einem „Identitätsverlust" durch die Aufnahme in die EU, andere wiederum von einer „Identitätsanpassung".[443] Die Unterschiede und Ähnlichkeiten der westlichen und der türkischen Kultur sind Ansatzpunkte für große Diskussionen.[444] Oft findet sich die Behauptung, dass die Türkei die Einheit Europas beeinträchtigen werde, weil sie in ihrer vom Islam geprägten Identität so andersartig sei, dass sie nicht in die EU passe bzw. sogar das Projekt der politischen Einheit Europas torpedieren würde.[445]

Es wird auch immer das Wort „Verwestlichung" benutzt.[446] Der Begriff ist identisch mit dem Wort „Europäisierung". In diesem Zusammenhang fallen auch immer wieder Worte wie Bildung, Soziales, türkische Traditionen und Werte. Es wird auch das türkische Image in den westlichen Staaten besprochen.[447] Die Türkei ist ein muslimisches Land, weswegen es vielleicht im Gegensatz zur christlichen Kultur steht, allerdings übernahm sie bereits bei der Gründung der modernen Republik bzw. vorher das europäische Rechts- und Ordnungssystem. Der Staatsgründer Atatürk wies den Weg nach Westen und ließ in seinem Land westliche Strukturen zum Tragen kommen.

Seit der Konstituierung der Republik Türkei am 29. Oktober 1923 war es das erklärte Ziel ihres Gründers Mustafa Kemal Atatürk, „die Türkei auf das Entwicklungsniveau der zeitgenössischen Zivilisation" anzuheben.[448] Gegenseitiger kultureller Austausch ist seit Jahrhunderten in starkem Maße vorhanden. Das Osmanische Reich war für Europa immer die Brücke zum Orient, und die Republik Türkei spielt diese Schlüsselrolle noch heute.[449] Sie blickt zum einen auf den islamisch geprägten Vorderen Orient und zum anderen auf das über Jahrhunderte vom Christentum geprägte Europa.[450]

Auf Europas politische Werte und Institutionen bewegt sie sich nunmehr seit dem Beginn des 18. Jahrhunderts zu. Während das europäische Geistesleben insbesondere nach der Eroberung Konstantinopels im Jahre 1453 unzählige

443 Sebnem, Basdere, S. 66.
444 Ebenda, S. 66.
445 http://www.bpb.de/themen/I13FQB,0,0,Keine_Aufnahme_der_T%FCrkei_in_die_EU.html, 7.11.2004.
446 Ebenda, S. 66.
447 Ebenda, S. 66.
448 http://www.keskin.de/de/vortraege/EU.html, 10.12.2004.
449 Sen, Faruk: Ist die Europäische Union bereit für den Beitritt der Türkei?; anlässlich der Sitzung des Parlamentarischen Forums. Berlin, 20.10.2004, S. 2. Dazu siehe auch: http://www.lpb.bwue.de/aktuell/bis/1_00/tuerkei03.htm, 12.11.2004.
450 http://www.bpb.de/themen/I13FQB,0,0,Keine_Aufnahme_der_T%FCrkei_in_die_EU.html, 21.11.2004.

Impulse aus der osmanischen Kultur empfing, bewegt sich seit dem 19. Jahrhundert die Türkei kontinuierlich auf Europa zu, indem sie westliche Gesellschaftsentwürfe zum Leitbild der Modernisierung von Staat und Wirtschaft machte.[451]

So wie in der allgemeinen Wahrnehmung der vergangenen Jahrhunderte die konfrontativen Elemente dieser intensiven Beziehungen zwischen der Türkei und Europa oftmals im Vordergrund standen und zum Teil noch immer stehen – mit der Belagerung Wiens als quasi Sinnbild eines türkisch-europäischen Gegensatzes –, wird der Einfluss europäischen Denkens auf die Türkei seitens der Europäer vielfach unterschätzt.[452] Tatsächlich befindet sich die Türkei auf dem kontinuierlichen Weg nach Europa.

Die staatlichen Strukturen in der Türkei – parlamentarisch-repräsentative Demokratie, Rechtssystem, Verwaltung – sind im Gegensatz zu allen anderen muslimisch geprägten Staaten weitgehend von europäischen Vorbildern durchdrungen.[453] Der feste Wille des Landes zur Zugehörigkeit zu Europa ist die Grundkonstante der türkischen Politik seit der Staatsgründung durch Atatürk. Die Orientierung am Westen ist im Selbstverständnis der Türkei nicht eine Option unter mehreren, sondern integraler Bestandteil der säkularen Republik und der wirtschaftlichen Modernisierung.[454]

Aus oben genannten Gründen kann die türkische Aufnahme in die EU der europäischen Identität keineswegs schaden, sondern – ganz im Gegenteil – ihr wichtige Impulse versetzen. Die europäische Identität besteht ja nicht nur aus der christlichen Kultur, sondern aus einer Werteeinheit, die in den Kopenhagener Kriterien festgeschrieben wurde. Wenn sich die Europäische Union nicht auf die Idee eines Christenclubs beschränken will, sollte sie die Türkei aufnehmen, denn das Land erfüllt die Kopenhagener Kriterien und hat seit 40 Jahren mit der Hinhaltetaktik der Union zu leben.

Mit der Mitgliedschaft der Türkei in der Union bleibt diese nicht auf die Idee eines „Christenclubs" reduziert, sondern erfährt eine moderne und multikulturelle Aufwertung, sodass sie Modellcharakter auf der ganzen Welt einnehmen wird. Wenn sich die EU als Wertegemeinschaft und nicht als „christlich-abendländischer Club" versteht, kann sie diese Veränderungen nicht ignorieren.[455]

---

451 Sen, Faruk, 20.10.1004, S. 3. Dazu siehe auch unter: http://www.faz.net/s/Rub99C3EECA 60D84C08AD6B3E60C4EA807F/Doc~EF19879AE553F4A2487857246D83E4A9D~ATpl~Ec ommon~Scontent.html, 23.12.2004.

452 Sen, Faruk, 20.10.2004, S. 3. Dazu siehe auch: http://www.lpb.bwue.de/aktuell/bis/1_00/tuerkei03.htm, 8.11.2004.

453 Ebenda, S. 3. Dazu siehe auch: http://www.lpb.bwue.de/aktuell/bis/1_00/tuerkei03.htm, 13.11.2004.

454 Sen, Faruk, S. 3. Dazu siehe auch: http://www.lpb.bwue.de/aktuell/bis/1_00/tuerkei03.htm, 12.11.2004.

455 Steinbach, Udo: Gehört die Türkei in die Europäische Union? Bereit für den Eintritt in die Wertegemeinschaft. In: Leibniz, Journal der Leibniz-Gemeinschaft, H. 1 (2003), S. 3. Oder

Die Türkei bleibt ein Land muslimischer Bürger, wie die EU eine Staatenge-meinschaft von mehrheitlich christlichen Bürgern ist.[456] Die Werteordnung aber ist religiös-neutral.[457]

8.2 Die historisch-kulturelle Debatte

Im Zentrum der politischen Debatte über eine EU-Mitgliedschaft der Türkei stehen dabei nicht so sehr die ökonomischen Unterschiede zwischen der EU und der Türkei, sondern mögliche kulturelle Differenzen. Kritiker eines Beitritts der Türkei machen geltend, dass sich die jetzigen Mitglieder der EU und die Türkei aufgrund einer ganz anderen Geschichte, unterschiedlicher geisteshistorischer Traditionen, vor allem aber aufgrund einer anderen Religionsorientierung funda-mental voneinander unterscheiden und die Türkei insofern keine hinreichenden kulturellen Gemeinsamkeiten mit den derzeitigen EU-Mitgliedsländern auf-weist.[458]

Einige der Befürworter eines Beitritts der Türkei bezweifeln, dass die kulturellen Unterschiede zwischen der Türkei und Europa fundamentaler Natur sind; andere versprechen sich von der Mitgliedschaft Türkei in der EU eine forcierte Anpassung der Türkei an die so genannten westlichen Werte. Wiede-rum andere betonen die Bereicherung, die mit einer kulturellen Heterogenität verbunden sein kann.[459]

Die westliche Kultur definiert sich über das Christentum. Die europäische Identität bezieht (...) ihren spezifischen Charakter direkt und indirekt aus jener Religion, durch die Europa als kulturelle Einheit geformt wurde, nämlich das Christentum.[460] Eine ganz andere Kultur findet sich in der vom Islam beein-flussten Türkei. Religionen und Kultur können unterschiedlichen Charakter auf-weisen, Europäer zu sein, sollte allerdings nicht von der Religionszugehörigkeit abhängen.

In der Konvention Artikel 2, Absatz 2 ist geschrieben, dass die Union allen europäischen Staaten offen steht, die ihre Werte achten und sich verpflichten,

---

unter: http://www.duei.de/doi/de/content/forschung/tuerkei_kurden/steinbach_pub/turkei_eu.pdf, 17.1.2005.

456 Ebenda, S. 3.
457 Ebenda, S. 3.
458 Das Parlament. Beilage zur Wochenzeitung, Aus Politik und Zeitgeschichte; 13. September; B 38/2004; S. 14.
459 Ebenda, S. 14. Mehr dazu siehe: Orient. Die Deutsche Zeitschrift für Politik und Wirtschaft des Orients, German Journal for Politics and Economics of the Middle East; 44. Jahrgang, Nr. 1, März 2003, S. 63-73.
460 Brague, Remi: Orient und Okzident. Modell römischer Christenheit. In: Das Europa der Religionen. Ein Kontinent zwischen Säkularisierung und Fundamentalismus. Frankreich 1996, S. 45.

ihnen gemeinsame Geltung zu verschaffen.[461] Eigentlich hat sich die Europäische Union (vormals EWG) im Jahr 1963 dazu entschieden, dass die Türkei trotz ihres kulturellen Unterschiedes ein Teil der EU (vormals EWG) sein soll. Auch der damalige Kommissionspräsident Walter Hallstein stellte fest: „Die Türkei ist ein Teil Europas ..." Und eines Tages soll der letzte Schritt vollzogen werden: Die Türkei soll vollberechtigtes Mitglied der Gemeinschaft sein,[462] weil die EU mit den Kopenhagener Kriterien die Grundvoraussetzungen erfüllt, die nicht in der kulturellen Einheit, sondern in einer pluralistischen Gemeinschaft liegen.

Der Artikel 49 des EU-Vertrages besagt, dass jeder europäische Staat, der die Grundsätze der Freiheit, der Demokratie, der Rechtsstaatlichkeit sowie der Wahrung der Menschenrechte und der Grundfreiheiten achtet, die Mitgliedschaft in der Europäischen Union beantragen kann.[463] Die Europäische Union definiert sich nicht durch eine gemeinsame Religion, Ethnie, Sprache oder auch territorial festgelegte Grenze. Im Hinblick auf all diese Elemente ist die Union unterbestimmt bzw. versteht sich als eine pluralistische Gemeinschaft.[464]

Die Tatsache, dass z. B. die Türkei kein christliches Land ist, ist an sich noch kein Grund, diese nicht in die EU aufzunehmen, denn die Religionsfreiheit der Bürger ist garantiert, und dazu gehört eben auch die Freiheit, Moslem zu sein.[465] Der Islam war immer in Europa vorhanden und ist immer ein Teil Europas gewesen.

Er ist heute ein Teil Europas, was die Präsenz der muslimischen Gemeinden in den Ländern wie Frankreich (4,5 Mio. Muslime im Jahr 2003), Deutschland (3 Mio.) oder Großbritannien (1,4 Mio.) beweist.[466] Kulturelle Unterschiede sollen nicht als Schreckgespenst gezeigt werden, sondern der Harmonisierung der Kulturen dienen.

8.3 Die geographische Lage

Die genaue geographische Abgrenzung Europas gegenüber Asien blieb bis ins 19. bzw. 20. Jahrhundert undefiniert.[467] Allerdings wurde schon ein Teil davon in der Antike bestimmt.[468] Europa wird als geographischer Raum durch den

---

461 Europäischer Rat: Konvent-Entwurf eines Vortrages über eine Verfassung Europas. Brüssel, 27. Juni 2003.
462 ZfP, 51. Jg. 2/2004, S. 157.
463 Cecot, Marcin: Europäische Perzeptionen über einen EU-Beitritt der Türkei. Wien, 16. August 2004. S. 50.
464 Das Parlament, B 38/2004; S. 15.
465 Ebenda, S. 15.
466 Focus, Nr. 13/2004, 22.3.2004, S. 15.
467 Britannica, The New Encyclopedia Britannica, Vol. 18, 1997, S. 522.
468 Fassmann Heinz: Wo endet Europa? Anmerkungen zur Territorialität Europas und der Fachwissenschaftliche Eröffnungsvortrag auf dem 28. Deutschen Schulgeographentag in Wien.

Gebirgszug des Ural, durch das Kaspische Meer und durch das Schwarze Meer gegen Asien abgegrenzt[469]. Krimkosaken, Tschetschenen, Georgier, Armenier und Aserer im Gebiet der ehemaligen Sowjetunion gehören als Türk-Völker genauso zu Europa wie die Türken selbst[470]. Die für die europäische Identität konstitutive Geschichte der griechisch-römischen Antike spielte sich im Mittelmeerraum[471] und auf dem Territorium der heutigen Türkei ab[472].

Die in Westkleinasien entstandenen homerischen Heldenepen über den Trojanischen Krieg, Ilias und Odyssee, dokumentieren die enge Verflechtung der griechischen Kultur mit der Kultur des Vorderen Orients und zählen zum klassischen europäischen Bildungskanon[473]. In Verbindung mit dem Christentum wurde die Hagia Sophia in Byzanz – dem heutigen Istanbul – zu einem der wichtigsten geistigen Zentren Europas in der Spätantike und im Frühmittelalter.

Dies alles zusammengenommen bedeutet, dass die Türkei geographisch und historisch überwiegend zu Europa gehört[474]. Der ehemalige türkische Regierungschef Mesut Yilmaz betonte zu Recht die wichtige strategische Bedeutung seines Landes zwischen dem Orient, Asien und den europäischen Kernländern. In dieser geographischen Lage schloss sich die Türkei im sich herausbildenden Ost-West-Konflikt angesichts der militärischen Bedrohung durch die Sowjetunion dem Westen an.[475]

US-Präsident Truman versicherte in seiner Doktrin am 12. März 1947, die Nationalität, Integrität und Souveränität der Türkei seien für die Sicherheit der USA und aller freiheitsliebenden Menschen von großer Bedeutung, und öffnete den Weg zu massiver Militär- und Wirtschaftshilfe des Westens.[476] Die Türkei wurde schrittweise Mitglied westlicher, auch europäischer Organisationen. Ankara gehörte 1948 zu den Gründungsmitgliedern der Organisation für wirtschaftliche Zusammenarbeit in Europa (OEEC) und trat 1949 dem Europarat bei.[477]

Dazu kamen u.a. die europäische Konvention zum Schutz der Menschenrechte und Grundfreiheiten und die europäische Zahlungsunion. Am 18. Februar 1952 entschied sich das türkische Parlament fast einstimmig für den Beitritt zur NATO.[478] Diesen Sachverhalt erkennt die westliche Gemeinschaft bereits an,

---

In: Mitteilungs- und Serviceblatt Nr. 24 des VDSG Niedersachsen. Siehe auch unter: http://nibis.ni.schule.de/~vdsg/Seiten/sin/sin_24/europa_1.htm, 21.12.2004.

469 Geißler, Heiner: Historische und kulturelle Gründe sprechen für den Beitritt der Türkei zur EU. Unter http://www.sonntagsblatt.de/artikel/1998/15/15-deb.htm, 20.4.2001.

470 http://www.sonntagsblatt.de/artikel/1998/15/15-deb.htm, 20.4.2001.

471 Fischer, Der Fischer Weltalmanach 2004. Frankfurt am Main, Fischer Taschenbuch, S. 835.

472 http://www.sonntagsblatt.de/artikel/1998/15/15-deb.htm, 20.4.2001.

473 Ebenda, 20.4.2001.

474 Ebenda, 20.4.2001.

475 ZfP, 51. Jg. 2/2004, S. 156.

476 ZfP, 51. Jg. 2/2004, S. 156.

477 Ebenda, S. 157.

478 Ebenda, S. 157.

indem sie die Türkei in ihr Verteidigungsbündnis NATO aufgenommen hat und mit diesem Partner positiv und konstruktiv zusammenarbeitet[479.] Alle diese Gründe sind genug für einen Beitritt der Türkei zur Europäischen Union.

Die Türkei als islamischer Staat mit ihrer Trennung von Religion und Staat und einer demokratischen Entwicklung kann eine wichtige Brücke zwischen „Orient und Okzident" schlagen. Eine EU-Mitgliedschaft der Türkei könnte so dazu beitragen, in Ländern mit überwiegend islamischer Bevölkerung universelle Werte stärker zur Geltung zu bringen.[480]

8.4 Sicherheitspolitik

8.4.1 Die Türkei als Sicherheitspartner in der Region

Sicherheitspolitisch ist die Türkei nicht nur für die USA, sondern auch für Europa von großer Bedeutung.[481] Deswegen richtet sich das europäische Interesse an der Türkei eher auf die Sicherheits- als die Wirtschaftspolitik. Schließlich liegt das Land an einer für Europa strategisch wichtigen regionalen Schnittstelle: Balkan, Kaukasus, Zentralasien, Naher Osten und östliches Mittelmeer. Ihr Territorium ist eine Durchgangsstrecke für den Land- und Luftverkehr mit Asien und für den Seeverkehr mit Russland und der Ukraine. Ihre Nachbarn sind für Europa wichtige Energieversorger, und sie verfügt über umfangreiche Wasserressourcen.[482] Der Türkei kommt als Schnittstelle dreier Großräume – Europa, der islamische Nahe Osten und Zentralasien – große strategische Bedeutung zu.[483]

Wirtschaftlich und demographisch gesehen ist die Türkei ein wichtiger Akteur. Ihre Volkswirtschaft steht weltweit an 21. Stelle, und sie wäre als EU-Mitglied der Staat mit der zweitgrößten Bevölkerungszahl, nach Deutschland. Als laizistisches muslimisches Land mit einer funktionierenden Demokratie ist sie in der Region ein Stabilitätsfaktor. Durch ihre Integration in das westliche Bündnis und die Mitgliedschaft in vielen wirtschaftlichen und regionalen Organisationen leistet sie einen Beitrag zur Sicherheit Europas und seiner Nachbarschaft.[484]

---

479 http://www.sonntagsblatt.de/artikel/1998/15/15-deb.htm, 20.4.2001.
480 Stellungnahme der AG Außenpolitik und der AG Europa der SPD-Bundestagsfraktion sowie der Koordinierungsgruppe Türkei beim SPD-Parteivorstand vom 30. März 2004, S. 4.
481 Sicherheitsakademie/Militärwissenschaftliches Büro:. Die Türkei und Europa. Informationen zur Sicherheitspolitik, Nummer 5, Februar 1998; S. 1.
482 http://www.eiz-niedersachsen.de/ewb/themeninfo/fb/2004-10-tuerkei-fragen.pdf, 11.12.2004.
483 Sicherheitsakademie/Militärwissenschaftliches Büro: Die Türkei und Europa. Informationen zur Sicherheitspolitik, Nummer 5, Februar 1998, S. 1.
484 http://www.eiz-niedersachsen.de/ewb/themeninfo/fb/2004-10-tuerkei-fragen.pdf, 11.12.2004.

Die Erweiterung der EU um diesen strategisch wichtigen Vorposten zum Nahen und Mittleren Osten und um die türkische Armee, die zahlenmäßig zweitgrößte Armee der NATO, würde auch das sicherheitspolitische und militärische Gewicht der EU heben.[485] Damit wird die Türkei zu einem starken globalen Akteur. Der ehemalige deutsche Außenminister Joschka Fischer betonte, dass ein strategisches Europa mit globalen Aufgaben und globaler Handlungsfähigkeit entstehe.[486] Der ehemalige für die EU-Erweiterung zuständige Kommissar Günter Verheugen strich ebenfalls die strategische Wichtigkeit der Türkei für die Europäische Union hervor. „Keine Wohltätigkeit seitens der EU, sondern eine politische Strategie, mit der wir unsere eigenen Interessen verfolgen"[487] – dahinter steckt die Überzeugung, dass die Türkei im Falle der Integration in die Europäische Union als regionale Ordnungsmacht an der Südflanke Europas eine wichtige Funktion im Hinblick auf europäische Interessen erfüllen kann.[488]

8.4.2 Die Beziehungen der Türkei zu ihren Nachbarländern

Im Bereich der Außenpolitik richten sich die Interessen der Türkei in erster Linie auf ihre Nachbarschaft und weniger auf eine globale Außenpolitik, in der sie keine Ambitionen auf eine große Rolle anmeldet.[489] Wird die Türkei zum EU-Mitglied, reicht die Union bis hin in den südlichen Kaukasus, nach Iran, Irak und Syrien. Damit kann sie stärkere Akzente in den Energiegebieten setzen.

8.4.2.1 Mittelmeer und Naher Osten

Die Türkei besitzt zum Nahen und Mittleren Osten nicht nur eine enge Nachbarschaft sondern auch eine historisch-kulturelle Verbindung. Der türkische EU-Beitritt würde die Grenzen der Union bis hin zu Ländern ausdehnen, die derzeit Spannungsherde darstellen, was den Problemen der Region auf der außenpolitischen Agenda der EU einen höheren Stellenwert verleihen würde.[490] Es ist kurzsichtig anzunehmen, die EU werde von der instabilen Lage im Nahen Osten oder dem Kaukasus mehr tangiert, wenn sie die Türkei aufnimmt und sich dadurch bis an die Grenzen dieser Regionen ausdehnt.[491] Gerade beweist uns die

485 Österreichisches Institut für Europäische Sicherheitspolitik: Unsere Sicherheit – Europa. Newsletter des Österreichischen Instituts für Europäische Sicherheitspolitik., Ausg. 4/04, S. 1.
486 Österreichisches Institut für Europäische Sicherheitspolitik: Unsere Sicherheit – Europa. Newsletter des Österreichischen Instituts für Europäische Sicherheitspolitik, Ausg. 4/04, S. 1.
487 EU-Kandidatenstatus für einen „schwierigen Partner": Warum der Fortschritt Europas eine Neudefinition der Beziehungen zur Türkei erforderlich macht. In: Gegenstandpunkt, 3/2002.
488 Interkultureller Rat in Deutschland und Förderverein PRO ASYL: Gehört die Türkei in die Europäische Union? Darmstadt/Frankfurt am Main, April 2004, S. 14. Oder unter: http://www.interkultureller-rat.de/Themen/Tuerkei_EU/tuerkei_dokumentation.pdf, 17.1.2005.
489 http://www.eiz-niedersachsen.de/ewb/themeninfo/fb/2004-10-tuerkei-fragen.pdf, 11.12.2004.
490 http://www.eiz-niedersachsen.de/ewb/themeninfo/fb/2004-10-tuerkei-fragen.pdf, 11.12.2004.
491 Die Grünen/Europäische freie Allianz im Europäischen Parlament: Gehört die Türkei nach

Irak-Krise das Gegenteil! In einer globalisierten Welt ist Europa von allen Entwicklungen in allen Regionen dieser Welt, ob nah oder weit entfernt, unmittelbar betroffen.[492] Es stellt sich eher die Frage, ob nicht ein EU-Beitritt der Türkei zur Eindämmung eines Großteils dieser Konflikte beitragen und somit die Stabilität dieser Regionen erhöhen könnte.[493]

Die Türkei befürwortet ein ausgedehnteres Engagement der EU im Nahen und Mittleren Osten, unterhält sie doch selbst historisch-kulturelle und wirtschaftliche Beziehungen in dieser Region, hat entsprechende Handelsinteressen und versucht, in der Organisation der Islamischen Konferenz eine größere Rolle zu spielen.[494] Kürzlich wurde sogar ein Türke zum Vorsitzenden der Organisation der Islamischen Konferenz (OIC) gewählt.[495] Zugleich hat die Türkei die Zusammenarbeit mit Israel und enge Verbindungen zu anderen Mittelmeerländern ausgebaut.[496] Besonders nach der Ablehnung des türkischen Vollmitgliedschaftsantrags durch die EU näherte sich die Türkei vermehrt an Israel und die USA an. Die Ablehnung durch die EU Mitte der 1990er Jahre versuchte die Türkei neben der Partnerschaft mit den USA auch mit Israel zu kompensieren.[497]

Die Beziehungen der Türkei zu Griechenland und zu Zypern sind besonders wichtig. Auch in Bezug auf die Sicherheit im Mittelmeerraum spielt die Türkei eine bedeutende Rolle. In beiderlei Hinsicht haben sich die türkische Außenpolitik und die Wahrnehmung ihrer Sicherheitsinteressen deutlich weiter entwickelt, wenngleich offene Streitigkeiten noch gelöst werden müssen.[498]

Gerade in jüngster Zeit wurden in den türkisch-griechischen Beziehungen[499] enorme Fortschritte erzielt. Sie begannen nach der Erdbebenkatastrophe im Jahr 1999 und setzten sich bis ins Jahr 2004 fort, als die Türkei im Zypernkonflikt zum Einlenken bereit war. Die Verbesserung der Beziehungen zwischen den beiden Staaten wird den EU-Beitritt der Türkei erleichtern, aber aufgrund der spannungsreichen Vergangenheit lässt sich die Erweiterung der friedlichen Beziehungen nicht so einfach bewerkstelligen. Um eine sichere Zukunft der EU zu gewährleisten, ist die Union angehalten, zwischen den Kontrahenten zu vermitteln und die Lösung des Konfliktes voranzutreiben.

Europa? Hintergründe und Argumente zur Debatte um den Beitritt der Türkei zur Europäischen Union. Europäisch-grüne Argumentationshilfe zum Europajahr 2004, S. 6. Oder auch unter: http://www.gruene-nbg.de/images/themen/tuerkei-eu.rtf, 11.2.2005.

492 Ebenda, S. 6.
493 Ebenda, S. 6.
494 http://www.eiz-niedersachsen.de/ewb/themeninfo/fb/2004-10-tuerkei-fragen.pdf, 11.12.2004.
495 http://europa.tiscali.de/index.jsp?section=politik.home&level=preview&content=217294, 7.1.2005.
496 http://www.eiz-niedersachsen.de/ewb/themeninfo/fb/2004-10-tuerkei-fragen.pdf, 11.12.2004.
497 Südosteuropa Mitteilungen, 01/2004, S. 69.
498 http://www.eiz-niedersachsen.de/ewb/themeninfo/fb/2004-10-tuerkei-fragen.pdf, 11.12.2004.
499 Mehr dazu siehe: Plattner, Hans: Die Türkei. Eine Herausforderung für Europa. München 1999, S. 104.

8.4.2.2 Die türkische Irakpolitik

Weitgehende Übereinstimmung der Standpunkte herrscht zwischen der Türkei und der EU im Hinblick auf die Notwendigkeit eines stabilen, vorhersehbaren und demokratischen Irak.[500] Der Irak erwies sich oft als schwerste Bürde der türkischen Außenpolitik. In jüngster Zeit zeichnete sich die Türkei mit mehreren diplomatischen Vorstößen gegenüber den Nachbarländern des Irak in Bezug auf gemeinsame Anliegen im Zusammenhang mit der Terrorismusbekämpfung und der Prävention ethnischer Konflikte und Unruhen durch konstruktives Handeln aus.[501] Die Türkei versuchte immer wieder, das Interesse an der Wahrung der territorialen Integrität des Irak herauszustreichen.[502]

Bis zum zweiten Golfkrieg bestanden gute Beziehungen zwischen den beiden Ländern, wobei wirtschaftliche Verflechtungen überwogen. Insbesondere der Kirkuk-Yumurtalik-Erdölpipeline galt das wirtschaftliche Interesse beider Staaten, das sich nicht nur auf die Rohstoffökonomie beschränkte.[503] Die EU sollte gemeinsam mit der Türkei am Wiederaufbau und der Demokratisierung des Irak arbeiten, weil diese dort wesentlich engere historisch-kulturelle und wirtschaftliche Beziehungen besitzt als die EU-Länder. Die Türkei hat bei der Stabilisierung und beim Wiederaufbau des Irak eine wichtige Rolle zu spielen und hat am Irak, der traditionell ein wichtiger Handelspartner war, ein erhebliches wirtschaftliches Interesse.[504] Mit der Aufnahme der Türkei kann die EU im Irak, der das zweiterdölreichste[505] Land der Welt ist, verstärkt aktiv sein.

8.4.2.3 Die türkische Syrienpolitik

Die türkisch-syrischen Beziehungen besaßen für die Türkei auf sicherheitspolitischer Ebene stets höchste Priorität und stellten jahrzehntelang eine ernsthafte Bedrohung der territorialen Integrität der Türkei dar.[506] Die Konflikte waren bis dato historisch-territoriale und ressourcenorientierte Konflikte. Der Kampf gegen den grenzüberschreitenden Terrorismus war ebenfalls integraler Bestandteil der türkischen Syrienpolitik.[507] Die türkisch-syrischen Beziehungen wurden im Wesentlichen von einigen Problemen belastet: Erstens unterstützte Syrien die PKK/Kongragel, zweitens gab es Grenzprobleme, z.B. verlor Syrien seine Nordprovinz Hatay, drittens bestand ein Wasserkonflikt.

---

500 http://www.eiz-niedersachsen.de/ewb/themeninfo/fb/2004-10-tuerkei-fragen.pdf, 11.12.2004.
501 http://www.eiz-niedersachsen.de/ewb/themeninfo/fb/2004-10-tuerkei-fragen.pdf, 11.12.2004.
502 Südosteuropa Mitteilungen, 01/2004, S. 69.
503 Südosteuropa Mitteilungen, 01/2004, S. 67.
504 http://www.eiz-niedersachsen.de/ewb/themeninfo/fb/2004-10-tuerkei-fragen.pdf, 11.12.2004.
505 Aksoy, Metin: Der Dritte Golfkrieg in Hinblick auf die regional-strategische Bedeutung des Iraks. Wien 2003; S. 48.
506 Südosteuropa Mitteilungen, 01/2004, S. 72.
507 Ebenda, S. 72.

Das Misstrauen der Türkei gegenüber den arabischen Staaten liegt in der Kooperation zwischen der arabischen Bevölkerung und den französischen und britischen Truppen während des Ersten Weltkrieges begründet,[508] durch die der Zerfall des Osmanischen Reichs besiegelt wurde.[509]

Mit den Operationen der PKK und dem Baubeginn des GAP-Projektes[510] in den 1980er Jahren erhöhten sich die Spannungen zwischen beiden Staaten.[511] Die Türkei begann im Jahr 1998 ihren erbitterten Kampf gegen die PKK. Auf ihren Druck hin verhaftete Syrien schließlich den PKK-Führer Abdullah Öcalan und lieferte ihn an den Nachbarstaat aus. Nachdem sich Syrien auch bereit erklärt hatte, die Unterstützung der PKK aufzugeben, setzte ein positiver Prozess ein, der sich dank der Entwicklungen im Irak und hauptsächlich wegen des gemeinsamen Interesses an der Wahrung der territorialen Integrität des Irak beschleunigte.[512] Nach dem dritten Golfkrieg drohte die Bush-Administration Syrien massiv wegen seiner Zusammenarbeit mit terroristischen Organisationen. Zur neuerlichen Normalisierung dieser Beziehung lehnte sich Syrien nun verstärkt an die Türkei an.

Der syrische Staatschef Bashar al Asad anerkannte – zwar nur mündlich – erstmals die international akzeptierten Grenzen der Türkei und sprach sich gegenüber dem türkischen Ministerpräsidenten für die Wahrung der territorialen Integrität des Irak und für den Kampf gegen den Terrorismus aus.[513] 2004 besuchte der türkische Premierminister Erdogan Syrien und leistete somit einen entscheidenden Beitrag zu guten nachbarschaftlichen Beziehungen. Für Syrien scheint es nun an der Zeit zu sein, statt auf Konfrontation auf Kooperation zu setzen und somit aus der Isolation zu treten, wobei der Türkei eine wichtige Rolle zukommt.[514] Eine politisch stabile und wirtschaftlich starke Türkei ist gerade in der Relation zu Syrien von umfassender Bedeutung für die Sicherheit der EU. So wird die Türkei sowohl als EU-Beitrittskandidat und zukünftiges EU-Vollmitglied als auch als Teil der ESVP sicherheitspolitische Interessen der EU in der Region verfolgen können.[515] Die ESVP-Truppen können in diesem

508 Ebenda, S. 72.

509 Frenc, Majoros/Rill, Bernd: Das Osmanische Reich. Geschichte einer Großmacht. Augsburg 2002.

510 Das GAP-Projekt ist ein regionales Entwicklungsprojekt, das die gesamte sozioökonomische Entwicklung des südostanatolischen Gebiets zum Ziel hat; es umfasst Staudämme, Wasserkraftwerke und Bewässerungsanlagen an den Flüssen Euphrat und Tigris. Arkac, Alattin: Die industrielle Entwicklungspolitik der Türkei zwischen 1980-1995. Wien, 30.11.2003; S. 215. Gündüz, M, Cem: Der ökonomische Beitrag der Türkei im Falle eines EU-Beitritts. Wien, August 2004, S. 34. Oder siehe unter: http://www.gap gor tr./Flash/Tr/probe.html, 17.8.2004.

511 Südosteuropa Mitteilungen, 01/2004, S. 72.

512 http://www.eiz-niedersachsen.de/ewb/themeninfo/fb/2004-10-tuerkei-fragen.pdf, 11.12.2004.

513 Südosteuropa Mitteilungen, 01/2004, S. 73.

514 Südosteuropa Mitteilungen, 01/2004, S. 74.

515 Südosteuropa Mitteilungen, 01/2004, S. 74. Lothar, Rühl: Sicherheitspartner Türkei. Geopolitik, Strategie und europäische Interessen. Büro für Sicherheitspolitik, Wien, Mai 2004. Oder unter:

Zusammenhang als Instrumente zur Friedenssicherung eingesetzt werden, wenn die israelische Besatzung der syrischen Golanhöhen als Voraussetzung für einen Friedensvertrag beendet und dort zunächst eine Pufferregion errichtet wird.[516]

8.4.2.4 Die türkische Iranpolitik

Die Türkei lockerte nach der islamischen Revolution im Iran ihre Beziehungen zu diesem Land, weil sie im nun herrschenden Regime eine Bedrohung für ihren eigenen laizistisch geprägten Weg sah. Als die AKP-Regierung an die Macht kam, änderte sich das türkische Außenpolitikverständnis in deutlicher Weise. Gute Beziehungen zum Nachbarn standen ab sofort aus wirtschaftlichen und politischen Gründen wieder im Vordergrund. Der Iran geriet durch seine geheimen Atomwaffenversuche in die internationale Kritik und wurde von US-Präsident Bush in die Reihe der so genannten Schurkenstaaten eingeordnet.[517]

Dies führte zeitweilig zu Irritationen in den türkisch-amerikanischen Beziehungen, da die Türkei ihrerseits bestrebt ist, konstruktive Beziehungen zum Iran aufzubauen.[518] Selbst wenn die Türkei bezüglich des Verhältnisses zwischen Religion und Staat eine andere Auffassung als der Iran vertritt, so haben doch beide Länder ein gemeinsames Interesse an der Aufrechterhaltung politischer Stabilität im Irak und an der Eindämmung des kurdischen Separatismus.[519] Beiden ist außerdem eine starke handelspolitische Ausrichtung auf die EU gemeinsam. Zwischen dem Iran und der Türkei gibt es eine umfassende Zusammenarbeit im Energie- und Gassektor.[520]

Im Rahmen der Energie-Diversifizierungspolitik der Europäischen Union soll diese zukünftig auch mit Rohstoffen aus Turkmenistan über den Iran und die Türkei beliefert werden.[521] Am 22. Januar 2002 wurde der iranisch-türkische Abschnitt eingeweiht. Dadurch exportierte der Iran erstmals seit der islamischen Revolution 1979 wieder Erdgas. Ein Teil des Erdgases wird in der Türkei verbraucht, der Rest wird nach Südeuropa im Rahmen des Inogate-Programmes (Interstate Oil and Gas Transport to Europe) gebracht.[522] Beide Länder sind Mitglied der Organisation für wirtschaftliche Zusammenarbeit (OWZ), die der

---

http://www.bmlv.gv.at/pdf_pool/publikationen/06_stran_20_ruehl.pdf, 18.2.2005.

516 Südosteuropa Mitteilungen, 01/2004, S. 74. Dazu siehe auch: Lothar, Rühl, Wien, Mai 2004. Oder auch: http://www.bundesheer.at/wissen-forschung/publikationen, 13.2.2005.

517 Südosteuropa Mitteilungen, 01/2004, S. 74.

518 Südosteuropa Mitteilungen, 01/2004, S. 74.

519 http://www.eiz-niedersachsen.de/ewb/themeninfo/fb/2004-10-tuerkei-fragen.pdf, 11.12.2004.

520 http://www.eiz-niedersachsen.de/ewb/themeninfo/fb/2004-10-tuerkei-fragen.pdf, 11.12.2004.

521 Südosteuropa Mitteilungen, 01/2004, S. 75. Dazu siehe auch: Kramer, Heinz: EU-kompatibel oder nicht? Zur Debatte um die Mitgliedschaft der Türkei in der Europäischen Union. Berlin, August 2003, S. 32.

522 Südosteuropa Mitteilungen, 01/2004, S. 75. Dazu siehe auch: Demirag, Yelda: Energie aus der Kaspi-Region. Die Türkei als treibende Kraft bei der Transformation. Kommentar in: Internationale Politik, März 2003, Nr. 3, 58. Jahr; S. 17.

Handelsliberalisierung langsam Schwung verleiht. Mit dem türkischen EU-Beitritt ist davon auszugehen, dass sich die Beziehungen zwischen der EU und dem Iran aufgrund der gemeinsamen Grenze intensivieren.[523]

Auf iranischer Seite wird mit aufmerksamem Interesse verfolgt werden, wie die EU mit der Integration einer muslimischen Nation umgeht.[524] Nicht auszuschließen ist jedoch die Möglichkeit, dass wegen Energiefragen oder überlappenden Interessen im südlichen Kaukasus und in Zentralasien neue Probleme zwischen der Türkei und dem Iran auftreten.[525]

8.4.2.5 Die türkische Kaukasuspolitik

Die Kaukasus-Republiken Georgien, Armenien und Aserbeidschan sind nach dem Zusammenbruch der Sowjetunion unabhängige Staaten geworden.[526] Diese Länder liegen in einer wichtigen geographischen Region, durch die einmal die umfangreichen Eröl- und Erdgasreserven des kaspischen Raumes nach Westen transportiert werden sollen.[527] Wegen der Erdöl-/Erdgasreserven der Region versuchen Russland, die Türkei und auch – direkt oder indirekt – die USA Einfluss auf diese Staaten zu nehmen.

Nach der Gründung der türkischen Staaten wie Aserbeidschan, Kasachstan, Usbekistan, Turkmenistan und Kirgisistan verschaffte sich die Türkei besondere Geltung, weil sie eine geographische, ökonomische und politische Brücke zu den türkischsprachigen Republiken Mittelasiens darstellt.[528]

Die Türkei ist mit den Türkisch sprechenden Staaten auch ethnisch eng verbunden.[529] Besonders Aserbeidschan spielt hier eine wichtige Rolle, weil das Land sich an einem geopolitischen Angelpunkt befindet. Wer ihn beherrscht, hat Zugang zu den zentralasiatischen Staaten und ihren ungeheuren Energiequellen und kann im kaspischen Raum entscheidend mitbestimmen.[530] Die Türkei hat unter Elcibey und Haydar Aliyev ein ausgezeichnetes Verhältnis zu diesem Bruderland aufgebaut, und diese Bruderschaft war Grundlage, um die ersten Pipelines aus dem Energieraum um das Kaspische Meer über die Türkei zu verwirklichen (Baku-Tiflis-Ceyhan). Aufgrund dieser guten Beziehungen hat sich der Handel zwischen der Türkei und Aserbeidschan seit 1994 fast auf 226,7 Mio. US.$ (2003/8) verdoppelt.[531]

---

523 http://www.eiz-niedersachsen.de/ewb/themeninfo/fb/2004-10-tuerkei-fragen.pdf, 11.12.2004.
524 http://www.eiz-niedersachsen.de/ewb/themeninfo/fb/2004-10-tuerkei-fragen.pdf, 11.12.2004.
525 http://www.eiz-niedersachsen.de/ewb/themeninfo/fb/2004-10-tuerkei-fragen.pdf, 11.12.2004.
526 Plattner, Hans, S. 125.
527 Ebenda, S. 125. Dazu siehe auch: Weithmann, Michael W./Moser, Brigitte: Die Türkei. Nation zwischen Europa und dem Nahen Osten. Köln 2002, S. 237.
528 http://www.tgsh.de/deutsch/details.php3?typ=news&idx=109, 13.1.2005.
529 Plattner, Hans, S. 125.
530 Plattner, Hans. S. 125. Dazu siehe auch: Weithmann, Michael W./Moser, Brigitte: Die Türkei. Nation zwischen Europa und dem Nahen Osten. Köln 2002, S. 237.
531 http:/www.dein.org.tr/ikili/20041515031ikili%20iliskiler-azerbaycan-ocak04.doc, 19.2.2004.

Die Türkei ist bestrebt, im weltweiten Diversifizierungs-Prozess zu einer Drehscheibe der Energieversorgung zwischen den rohstoffreichen Regionen des kaspischen Raums und denen des Nahen und Mittleren Ostens sowie Europa als Importregion zu werden.[532]

Im Rahmen der Energiepolitik existierten bereits enge Kooperationen mit den post-sowjetischen Kaukasus- und zentralasiatischen Staaten.[533] So ist der Bau der Baku-Tiflis-Ceyhan (BTC)-Erdölpipeline bereits weit fortgeschritten. Im Sommer 2006 ist erstmals Öl aus dem Kaspischen Meer ins türkische Ceyhan am Mittelmeer verschifft worden.[534] Auf längere Sicht ist ein südlicher Gasring geplant, bei dem mehrere Öl- und Gaspipelines vom kaspischen Raum nach Europa führen. Dabei spielt die Türkei als Transitstaat zwischen Förder- und Empfängerregion eine zentrale Rolle.[535]

Der Beitritt der Türkei würde die EU-Grenzen bis nach Armenien, Aserbaidschan und Georgien ausdehnen. Über die Türkei könnte die EU auf den südlichen Kaukasus stabilisierend einwirken.[536] Außerdem könnten die Beziehungen der EU zu Aserbaidschan, Georgien und Ländern um das Kaspische Meer mit seinen reichen Erdölvorkommen durch die türkische Mitgliedschaft gestärkt werden.[537]

8.4.2.6 Die türkische Balkanpolitik

Die Interessen der Türkei auf dem Balkan reichen zurück bis ins Osmanische Reich (die Balkanländer standen ca. 600 Jahre lang unter osmanischer Herrschaft) und bestehen weiterhin. Schätzungsweise eine Million Türken, davon ein großer Teil in Bulgarien, leben auf dem Balkan.[538] Viele Slawen hatten sich zum Islam bekannt – wie die bosnischen Muslime, die Pomaken in Bulgarien und Griechenland – und ebenso große Teile der albanischen Bevölkerung traten zum Islam über, um in den Genuss osmanischer Privilegien zu gelangen.[539]

Während der Balkankrise gestaltete sich die türkische Außenpolitik sehr emotional, weil ihre Minderheiten in der Region bedroht waren. Ungefähr

---

532 Südosteuropa Mitteilungen, 01/2004, S. 77. Oder siehe auch: Idris, Bal: Turkey´s relations with the west and the Turkic republics. Aldershot u.a. 2000; Winrow, Gareth M.: Pivotal ob Energy Supplicant? Demostic Structure, External Actors and Turkish Policy in the Caucasus. In: Middle East Journal, 1/2003, S. 3-10.
533 Südosteuropa Mitteilungen, 01/2004, S. 77.
534 Ebenda, S. 77.
535 Ebenda, S. 77. Dazu siehe auch: Demirag, Yelda: Energie aus der Kaspi-Region. Die Türkei als treibende Kraft bei der Transformation. Kommentar in: Internationale Politik, März 2003, Nr. 3, 58. Jahr, S. 17.
536 http://www.eiz-niedersachsen.de/ewb/themeninfo/fb/2004-10-tuerkei-fragen.pdf, 11.12.2004.
537 http://www.eiz-niedersachsen.de/ewb/themeninfo/fb/2004-10-tuerkei-fragen.pdf, 11.12.2004.
538 Südosteuropa Mitteilungen, 01/2004, S.78. Dazu siehe auch: Weithmann, Michael W./Moser, Brigitte: Die Türkei. Nation zwischen Europa und dem Nahen Osten. Köln 2002, S. 254.
539 Südosteuropa Mitteilungen, 01/2004, S. 78.

26.000 Bosnier flüchteten damals in die Türkei. Die EU ergriff in dieser Zeit keine aktiven politischen Maßnahmen – ebenso wenig wie während des Irakkrieges. Deswegen hat der Bürgerkrieg im ehemaligen Jugoslawien der 1990er Jahre sowohl die EU als auch die Türkei bewogen, im Rahmen der NATO aktiv in das Konfliktgeschehen einzugreifen.[540]

Das Desaster im Kosovo-Krieg machte die Handlungsunfähigkeit der EU deutlich sichtbar, da nur durch das Eingreifen der NATO unter amerikanischem Kommando der Krieg beigelegt werden konnte. Daraufhin wurde die Umsetzung der gemeinsamen Außen- und Sicherheitspolitik (GASP)[541] und der Europäischen Sicherheits- und Verteidigungspolitik (ESVP) wesentlich forciert.[542]

In den letzten zehn Jahren hat die Türkei in den westlichen Balkanländern (Kroatien, Serbien, Montenegro, Bosnien und Herzegowina, FYROM und Albanien) eine positive und konstruktive Rolle gespielt.[543] Türkische Truppen beteiligen sich inzwischen an Friedens- und Stabilisierungseinsätzen und unabhängig davon, ob die Türkei der EU beitritt oder nicht, wird davon ausgegangen, dass sie den Stabilisierungs- und Assoziierungsprozess in der Region auch in Zukunft unterstützen und Mitglied des Stabilitätspakts bleiben wird. In jedem Fall könnte eines oder könnten mehrere der westlichen Balkanländer zum Zeitpunkt eines möglichen EU-Beitritts der Türkei bereits EU-Mitglied sein.[544]

8.4.3 Die Türkei als potenzielles politisches Modell für die Region

Die Türkei wäre ein wichtiges Beispiel eines Landes mit einer mehrheitlich muslimischen Bevölkerung, das solch fundamentale Prinzipien wie Freiheit, Demokratie, Respekt für Menschenrechte und Grundfreiheiten und Rechtsstaatlichkeit befolgt.[545] Dies ist angesichts der Debatte und der Wahrnehmungen nach den Anschlägen vom 11. September 2001 von besonderer Bedeutung.[546] Damit kann die Türkei auch mit ihrer Reformpolitik als politisches Modell für die Region dienen. Eine rechtsstaatlich und demokratisch funktionierende Türkei kann beweisen, dass selbst in einem muslimischen Land ein modernes Staatssystem und eine moderne Gesellschaft möglich sind.

Gerade eine voll in die EU integrierte demokratisch und ökonomisch stabile Türkei würde auf die Menschen und Staaten vor allem im Nahen und Mittleren

---

540 Ebenda, S. 78.
541 Ülger, Irfan, Kaya; Avrupa Birliginde Siyasal Büntünlesme: Ortak Dis Politika ve Güvenlik politikasinin olusumu (Politische Einigung in der Europäischen Union, Entstehung der gemeinsamen Außen- und Sicherheitspolitik). Istanbul, Mai 2002.
542 Ebenda, S. 78. Dazu siehe auch: Lothar, Rühl, Wien, Mai 2004.
543 http://www.eiz-niedersachsen.de/ewb/themeninfo/fb/2004-10-tuerkei-fragen.pdf, 11.12.2004.
544 http://www.eiz-niedersachsen.de/ewb/themeninfo/fb/2004-10-tuerkei-fragen.pdf, 11.12.2004.
545 http://www.eiz-niedersachsen.de/ewb/themeninfo/fb/2004-10-tuerkei-fragen.pdf, 11.2.2005.
546 http://www.eiz-niedersachsen.de/ewb/themeninfo/fb/2004-10-tuerkei-fragen.pdf, 11.2.2005.

Osten, aber auch in anderen islamischen Staaten, als ein gelungenes Modell westlicher Prägung eine große positive Wirkung haben.[547] Diese würde mittelfristig den Demokratisierungsprozess und die Übernahme des parlamentarisch-demokratischen Systems in diesen Ländern fördern und zu mehr Stabilität, Sicherheit und wirtschaftlicher Prosperität führen, was auch der EU zugute käme.[548]

Ein solches Beispiel würde die Reformperspektiven in den angrenzenden islamischen Staaten erhöhen und wäre damit die beste Antwort auf den Terrorismus, der vorgibt, religiös motiviert zu sein und unter diesem Deckmantel insbesondere in den Ländern des Nahen und Mittleren Ostens täglich neuen Zulauf findet.[549]

Wenn der Modernisierungsprozess in der Türkei nachhaltig erfolgreich ist, wird die häufig apostrophierte Brückenfunktion der Türkei zwischen Europa und dem Orient endgültig mit Substanz gefüllt.[550] Die Integration der Türkei in die EU könnte auch zeigen, dass die Europäische Union eine Gemeinschaft ist, in der verschiedene Kulturen und Religionen miteinander leben können, sofern sie die grundsätzlichen Werte der EU teilen.[551]

8.4.4 Der gemeinsame Kampf gegen den Terrorismus

Besonders nach den Anschlägen vom 11. September 2001 wurde die Welt von großen Terrorängsten geplagt. Die Türkei mit mehrheitlich muslimischer Bevölkerung richtete ihren Blick nach Westen und strebte nach einem modernen Staatssystem, was durchaus nicht im Interesse gewisser terroristischer Vereinigungen liegen konnte. Die Verursacher der Terroranschläge vom November 2003 in Istanbul wählten sich also einen verlässlichen Sicherheitspartner des Westens als Ziel, da sie die westliche Orientierung des Landes und das friedliche Nebeneinander verschiedener Religionen in der Stadt Istanbul stören wollten.[552]

Die Terrorismusbekämpfung stellt eine weitere sicherheitspolitische Herausforderung dar, bei der der Beitritt der Türkei die bereits bestehende Zusammenarbeit weiter stärken könnte.[553] In den letzten Jahren haben die extreme Linke und radikal-islamisch-fundamentalistische Gruppierungen in der Türkei mehrere Terroranschläge verübt. Seit den Ereignissen des 11. September 2001 hat sich die Türkei an mehreren EU-Initiativen zur Bekämpfung des Terrorismus

547 http://www.tgsh.de/deutsch/details.php3?typ=news&idx=109, 17.1.2005.
548 http://www.tgsh.de/deutsch/details.php3?typ=news&idx=109, 17.1.2005.
549 Südosteuropa Mitteilungen 01/2004, S. 14.
550 Südosteuropa Mitteilungen 01/2004, S. 14.
551 Südosteuropa Mitteilungen 01/2004, S. 14.
552 Südosteuropa Mitteilungen 01/2004, S. 14. Dazu siehe auch: Lothar, Rühl, Wien, Mai 2004. Oder auch: http://www.bundesheer.at/wissen-forschung/publikationen, 13.2.2005.
553 http://www.eiz-niedersachsen.de/ewb/themeninfo/fb/2004-10-tuerkei-fragen.pdf, 11.2.2005.

beteiligt. Organisationen, die in der Türkei als terroristisch gelten, wurden in die EU-Liste aufgenommen.[554] Bei der Terrorismusbekämpfung müssen die EU und die Türkei auf jeden Fall enger zusammenarbeiten, weswegen die Union aufgefordert ist, die Reformbestrebungen in der Türkei zu unterstützen.

---

554 http://www.eiz-niedersachsen.de/ewb/themeninfo/fb/2004-10-tuerkei-fragen.pdf, 11.2.2005.

9 Schluss

Obwohl die Wurzeln der Türkei in einem unterschiedlichen Kulturkreis lagen, orientierte sie sich im Laufe ihrer Geschichte immer stärker am Westen und sah sich als Teil des Westens. Nach der Gründung der Republik nahm sie sich westliche Institutionen zum Vorbild.

Nach dem Zweiten Weltkrieg hat die Türkei ihre Außenpolitik nach westlichen Interessen ausgerichtet und eine Zusammenarbeit mit dem Westen beschlossen, trat auch westlichen Organisationen wie etwa der NATO bei. Im Jahr 1959 stellte sie den Antrag auf Aufnahme in die damalige Europäische Wirtschaftsgemeinschaft (EWG), womit der Beginn der 46-jährigen Geschichte zwischen der Europäischen Union und der Türkei eingeleitet wurde. Kein anderes Land musste so lange vor den Toren Europas warten.

Mit dem Abkommen von Ankara im Jahr 1963 wurde die Türkei als Partner Europas anerkannt. In diesem Vertrag wurden drei Phasen festgelegt: die Anfangs-, die Übergangs- und die Endphase. In der Übergangsphase sollte der Beitritt zur Zollunion stattfinden, in der Endphase die vollständige Mitgliedschaft in der Europäischen Union. Im Jahr 1986 hat die Türkei den entsprechenden Antrag gestellt, doch die EU lehnte die türkischen Vollmitgliedschaftsbestrebungen aus wirtschaftlichen und politischen Gründen ab, was im Land zu einer Schockwirkung führte. Die Öffentlichkeit kritisierte vor allem das Herausstreichen des kulturellen Unterschiedes zwischen der EU und der Türkei.

Bereits im Jahr 1996 war die Türkei der Zollunion beigetreten – als das einzige Land, das zu diesem Zeitpunkt noch nicht Vollmitglied der EU war. Dieses Vorgehen fügte der türkischen Wirtschaft großen Schaden zu.

Auf dem Gipfel von Luxemburg beschloss die Europäische Union die Aufnahme von Verhandlungen für 12 potenzielle Beitrittskandidaten, während für die Türkei ein Sonderstatus vorgesehen war, den diese allerdings ablehnte. Sie pochte weiterhin auf Vollmitgliedschaft. Nach dieser Entscheidung von Seiten der EU setzte die Türkei ihren Dialog mit der Gemeinschaft aus.

Erst als Folge der Erdbebenkatastrophe von 1999 ergab sich wieder eine Annäherung. Diese sowie politische Machtwechsel in mehreren europäischen Staaten bewirkten, dass der Türkei auf dem Gipfel von Helsinki 1999 der Kandidatenstatus zuerkannt und beschlossen wurde, dass, sollte das Land die Kopenhagener Kriterien erfüllen, die Beitrittsverhandlungen aufgenommen werden.

Auf dem Gipfel von Kopenhagen im Jahr 2002 wurde bestimmt, dass über die Beitrittsverhandlungen mit der Türkei bis Ende 2004 entschieden sein sollte. Die Türkei hat innerhalb von zwei Jahren bei der Erfüllung der Kopenhagener Kriterien enorme Fortschritte erzielt. Besonders unter der neuen Regierung (AKP-Regierung) gelang es, in Bezug auf die Menschenrechtsproblematik, bei Meinungsfreiheit, Minderheitenpolitik, Todesstrafe, Verbot der Folter, Frauenrechten etc. wichtige Reformen zu verwirklichen. Auch auf dem Gebiet der Wirtschaft wurden durch Gesetzesänderungen wichtige Umwandlungen zur Erreichung der Kriterien realisiert.

Da man die nötigen Anforderungen zu erfüllen glaubt, macht sich aufgrund der Hinhaltetaktik der EU innerhalb der türkischen Öffentlichkeit allmählich Ungeduld breit. Die Union ist gut beraten, rasch im Sinne der Türkei zu entscheiden. Für die türkische Mitgliedschaft gibt es ohnedies keine Alternative, denn eine Ablehnung zöge schwere politische Folgen für beide Seiten nach sich. Vorher sind aber die anstehenden Fragen auszuräumen – vor allem das Problem der europäischen Identität und alles, was damit in Zusammenhang steht, wäre zu klären.

Die Aufnahme der Türkei könnte bewirken, dass die Europäische Union zu einer modernen Gemeinschaft wird, in der humanitäre Werte zählen. Die Türkei ist der einzige demokratische Staat innerhalb der islamischen Gesellschaft und der einzige muslimische Staat, der sich seit 80 Jahren am Westen ausrichtet.

Durch den Beitritt der Türkei zur EU wird der Kampf der Kulturen zu einem Ende gelangen und sich Harmonie einstellen, denn seit dem verhängnisvollen 11. September 2001 brauchen nicht nur die USA, sondern darüber hinaus die ganze Welt eine kulturelle Einheit und kulturellen Frieden. Mit der Aufnahme der Türkei, die endlich gänzlich in ein modernes Zivilisationsprojekt integriert werden will, lässt sich dieses Verlangen realisieren.

Der Bevölkerungsreichtum der Türkei und ihre wirtschaftlichen und geographischen Probleme sowie die andersartige Religion nehmen in der Türkeidebatte breiten Raum ein. Gerade den ersten Punkt sollte die Europäische Union insofern berücksichtigen, als sie selbst eine überalterte Bevölkerungsstruktur aufweist und daher in spätestens 10 Jahren neue Arbeitskräfte benötigen wird, die die Türkei beisteuern könnte.

Die Probleme der türkischen Wirtschaft lassen sich natürlich nicht leugnen, andererseits wurden gerade unter der neuen Regierung wichtige Aufwärtstrends eingeleitet. Das Wirtschaftswachstum vergrößerte sich im Jahr 2004 um 9,9 Prozent, was als Indiz für ein Ende der Krise gewertet werden kann. Andererseits stellt die Türkei mit ihrer hohen Bevölkerungszahl auch einen Erfolg versprechenden Markt dar. Durch ihre engen historisch-kulturellen, religiösen und wirtschaftlichen Beziehungen vom Nahen Osten bis nach Zentralasien könnte die Türkei auch in dieser Frage von großem Nutzen für die Union sein.

Auch der religiöse Unterschied stand zur Diskussion und wurde von den Gegnern eines EU-Beitritts der Türkei immer wieder betont, indem sie die Union auf die christliche Ebene reduzierten. Meiner Meinung nach sollte man sich nicht mit dieser eingeschränkten Sichtweise zufrieden geben, sondern versuchen, eine globale Macht zu werden, denn nur den „Global Playern" gehört die Zukunft, nur sie können zur Lösung der Probleme dieser Welt beitragen. Der Irak-Krieg hat bewiesen, dass die EU diesen Status noch lange nicht erreicht hat. Mit dem Beitritt der Türkei könnte die Union größeren Einfluss auf die derzeitigen Krisenregionen nehmen und auf deren Demokratisierungsprozess einwirken.

Während der Jugoslawien-Krise, aber auch während des letzten Irak-Krieges legten die EU und ihre Organe gleichwohl große Entschlossenheit an den Tag, diese ließe sich mit einem Beitritt der Türkei weiter steigern, brächte das Land doch frischen Wind in die Staatengemeinschaft, um die anstehenden Probleme des 21. Jahrhunderts erfolgreich zu meistern. Die Türkei könnte durchaus dazu beitragen, dass sich die Union zu einem „Global Player" entwickelt, was eine Voraussetzung dafür darstellt, dass sie die Anforderungen von Gegenwart und Zukunft zu bewältigen imstande ist. Die geographische Lage der Türkei und ihre Beziehungen zu den islamischen Ländern, den türkischen Völkern Russlands und zu ihren Nachbarn wird die EU zu einem bedeutenden Akteur auf der internationalen Bühne machen.

Mit der Aufnahme der Beitrittsverhandlungen im Dezember 2004 bestimmte die EU ihre humanitären Werte und trug der Türkei zudem auf, möglichst rasch ihr Wirtschaftsdefizit abzubauen sowie bestimmte Gesetzesänderungen durchzuführen. Die Reformen sollen nicht für die Europäische Union vorgenommen werden, sondern für die Bevölkerung, die das Recht auf modernen Lebensstandard besitzt.

10 Zeittafel[555]

Februar 1952: Die Türkei erlangt die Vollmitgliedschaft in der NATO.

September 1959: Ankara bewirbt sich um die assoziierte Mitgliedschaft in der Europäischen Wirtschaftsgemeinschaft.

September 1963: Das Ankara-Abkommen (eine Assoziierungsvereinbarung) wird unterzeichnet, das den Weg für die Aufnahme der Türkei in die Zollunion und schließlich, als vollgültiges Mitglied, in die EG bahnen soll. Das erste Protokoll wird unterzeichnet.

November 1970: Ein zusätzliches Protokoll und ein zweites finanzielles Protokoll werden in Brüssel unterzeichnet.

Januar 1973: Das zusätzliche Protokoll tritt in Kraft. Es regelt alle Einzelheiten der Etablierung der Zollunion.

Juli 1974: Militärisches Eingreifen der Türkei in Zypern

Während der **ersten Hälfte der 80er Jahre**: Die Beziehungen zwischen der Türkei und der Gemeinschaft werden nach dem Militärcoup vom 12. September 1980 auf Eis gelegt.

Juni 1980: Der Assoziierungsrat beschließt, den Einfuhrzoll fast sämtlicher Landwirtschaftsprodukte ab 1987 aufzuheben.

September 1986: Wiederbelebung des Assoziierungsprozesses durch den Assoziierungsrat Türkei- EWG

14. April 1987: Die Türkei bewirbt sich um eine volle EG-Mitgliedschaft.

Dezember 1989: Die Kommission bekräftigt, dass die Türkei berechtigt ist, Mitglied zu werden, schiebt die Beurteilung des Antrages indessen auf.

März 1995: Der Assoziierungsrat Türkei- EU schließt die Verhandlungen über die Zollunion ab, die am 1.Januar 1996 in Kraft tritt.

Dezember 1997: Auf dem Gipfel von Luxemburg lehnen es die EU-Regierungschefs ab, der Türkei den Status eines offiziellen Beitrittskandidatenlandes zu gewähren.

Dezember 1999: Nach der Einigung des Rats von Helsinki wird die Türkei offizieller Beitrittskandidat.

März 2001: Der EU-Ministerrat verabschiedet die Beitrittspartnerschaft zwischen der EU und der Türkei.

---

555 http://www.euractiv.com/Article?_lang=DE&tcmuri=tcm:31-130598-16&type=LinksDossier, 22.3.2005.

März 2001: Die türkische Regierung verabschiedet das Nationale Programm der Türkei für die Übernahme von EU-Gesetzen.

September 2001: Das türkische Parlament nimmt über 30 Änderungsvorschläge zur Verfassung an, um die politischen Kriterien von Kopenhagen für die EU-Mitgliedschaft zu erfüllen.

August 2002: Das türkische Parlament beschließt umfassende Reformen, um die Menschenrechtskriterien der EU zu erfüllen.

13. Dezember 2002: Der Europäische Rat von Kopenhagen beschließt auf Grundlage eines Berichts und einer Empfehlung der Kommission, dass, sofern der Europäische Rat im Dezember 2004 zu dem Schluss kommt, dass die Türkei die politischen Kriterien von Kopenhagen erfüllt, die EU die Beitrittsverhandlungen „ohne weitere Verzögerungen einleiten werde." Unterdessen verständigen sich die EU-Regierungschefs darauf, die Zusammenarbeit innerhalb der EG-Türkei-Zollunion auszudehnen und zu vertiefen und die finanzielle Hilfe für die Türkei zur Vorbereitung auf den Beitritt aufzustocken.

Mai 2003: Der EU-Ministerrat verständigt sich auf die Grundsätze, Prioritäten, Zwischenziele und Bedingungen der Beitrittspartnerschaft mit der Türkei.

Januar 2004: Mit der Unterzeichnung eines Protokolls verpflichtet sich die Türkei auf den Verzicht der Todesstrafe „unter allen Umständen" – eine Handlung, die von der EU begrüßt wird.

März 2004: Der Europarat beschließt die Beendigung des Monitoring der Türkei.

Oktober 2004: Die Kommission wird voraussichtlich ihren Fortschrittsbericht zur Türkei veröffentlichen.

17. Dezember 2004: Der Europäische Rat beschließt die Einleitung von Beitrittsverhandlungen mit der Türkei am 3. Oktober 2005 – allerdings musste die Türkei noch gewisse Bedingungen erfüllen.

3. Oktober 2005: Nach der Erfüllung der Bedingungen wurden die Beitrittsverhandlungen mit der Türkei eröffnet.

14. Dezember 2006: Wegen der Zypernkonflikt kamen die Verhandlungen durch die Haltung der beiden Seiten in der Zypernfrage wieder ins Stocken. Die türkei hat nicht ihre Häfen und Flugplätze für das EU- Mitglied Süd-Zypern geöffnet. Aus diesem Grund beschlossen die EU-Außenminister, die Beitrittsverhandlungen teilweise auszusetzen und die Entwicklung der Türkei jährlich zu überprüfen[556].

---

556 http://www.politische-bildung.net/links/tuerkei_eu.htm 28.12.2006

11 Literaturverzeichnis

Akkaya, Cigdem (1996): Die Beziehungen zwischen der Türkei und der EU – Vergangenheit, Gegenwart und Zukunft. In: Zentrum für Türkeistudien. Essen, S. 1.

Aksoy, Metin (2003): Der Dritte Golfkrieg in Hinblick auf die regional-strategische Bedeutung des Iraks. Wien, S. 48.

Akyildiz, Ali K (1988): Zur Analyse der importsubstituierenden und export-orientierten Industrialisierungspolitik in der Türkei unter Berücksichtigung der Auslandsverschuldung. Marburg, S. 157.

Amnesty International: Regelmäßige Berichte von Amnesty International, Human Rights Watch.

Ankara-Abkommen (1965): Abkommen zur Gründung einer Assoziation zwischen der Europäischen Gemeinschaft und der Türkei (64/733/EWG) vom 12. Sept. 1963. In: EG (Hrsg.): Handbuch für Europäische Wirtschaft, 59. Lieferung, Februar 1965, S. 17.

Aslan, Yusuf (1998): Die Türkei von der West-Integration zur Ost-Wendung? Frankfurt am Main. S. 146.

Atatürk´ün Söylevi ve demecleri (1962), (Atatürks Reden und Erklärungen). Bd. 111, Ankara, 2 Aufl. S. 68.

Ayman, G (2000): Spring Time in the Aegean. Private View, No. 8, S. 56-60.

Beschluss des Europäischen Rates (1997): Luxemburg, 12./13. Dezember 1997; S. 17.

Birant, Mehmet Ali (1990): Türkiye´nin Ortak pazar macerasi (EG-Abenteuer der Türkei) 1959-90. Istanbul, Milliyet yayinlari, 8. Aufl., 53.

Boratav, Korkut (1982): Türkiye´de Devletcilik (Etatismus in der Türkei). Ankara, 2. Aufl., S. 218.

Bozkurt, Kutluhan (2004): Die Beziehungen der Türkei zur EU: Rechtliche Prozesse und rechtliche Einflüsse. Doktorarbeit an der Universität Wien.

Bozkurt, Mahmut (1995): Die Beziehung der Türkei zur Europäischen Union. Frankfurt am Main. S. 7.

Brague, Remi (1996): Orient und Okzident. Modell römischer Christenheit. In: Das Europa der Religionen. Ein Kontinent zwischen Säkularisierung und Fundamentalismus. Frankreich. S. 45.

Britannica, The New Encyclopedia Britannica (1997): Vol. 18, S. 522.

Bülent, Gökay (1997): Türkiye Avrupa´nin Neresinde? Gümrük Birligi

Anlasmasinin Düsündürdükleri. (Wo liegt die Türkei in Europa? Gedanken zum Zollunionsabkommen). Ankara. S. 78.

Cahit, Kurt (1983): Die Türkei auf dem Weg in die Moderne. Bildung, Politik und Wirtschaft vom Osmanischen Reich bis heute. Frankfurt, Bern, New York. S. 28.

Campany, Richard C. (1988): Turkey and The United States. The arms embargo period. New York. S. 30.

Cankorel, B. (1990): Der EG-Beitrittsantrag aus Sicht der türkischen Regierung. In: Sen, Faruk/Rehwinkel, D. (eds): Türkei und europäische Integration.

Cecot, Marcin (2004): Europäische Perzeptionen über einen EU-Beitritt der Türkei. Wien, 16. August 2004, S. 50.

Das Parlament (2004): Aus Politik und Zeitgeschichte. Beilage zur Wochenzeitung „Das Parlament". 9. August 2004; B 33-34/2004, S. 15.

Das Parlament (2004): Aus Politik und Zeitgeschichte. Beilage zur Wochenzeitung „Das Parlament". 13 September, B 38/2004, S.14.

Demirag, Yelda (2003): Energie aus der Kaspi-Region. Die Türkei als treibende Kraft bei der Transformation. Kommentar in: Internationale Politik, März 2003, Nr. 3, 58. Jahr, S. 17.

Denktas, Rauf R. (1988): The Cyprus Triangle. New York. S. 231-243.

Die Grünen/Europäische freie Allianz im Europäischen Parlament: Gehört die Türkei nach Europa? Hintergründe und Argumente zur Debatte um den Beitritt der Türkei zur Europäischen Union; Europäisch-grüne Argumentationshilfe zum Europajahr 2004. S. 6.

Die Presse, 29.7.2003, S. 3.

Die Republik Türkei, Ministerium für Auswärtige Angelegenheiten Generalsekretariat für EU-Angelegenheiten (2004): Politische Reformen in der Türkei. März 2004, S. 2.

Die Türkei (1994): Noch ein ehemaliger NATO-Frontstaat im Aufbruch. In: Politische Vierteljahresschrift, Gegenstandpunkt. S. 143.

Dischler, Ludwig (1960): Die Zypernfrage. Frankfurt. S. 147-156.

EC-Turkey Association Council (1996): Decision No. 195 of the EC-Turkey Association Council of 22 December 1995 on implementing the final Phase of the Customs Union (96/142/EC).

Elena, Valentina (2002): Das Zypern-Problem.

Ertekin, Kemal (1989): Zu den türkischen Parteien bis zum Jahre 1980. S. 34.

Esen, Erol (1990): Die Beziehungen die Türkei und der europäischen Gemeinschaft unter besonderer Berücksichtigung der innertürkischen Kontroversen um die Assoziation 1973-80. Bonn, Diss. S. 14.

Esen, Erol (1990): Zu den türkischen Regierungen von 1973-1980. S. 274.

Eski, Hasan (1977): Wirtschaftspolitische Probleme der Assoziierung an die Europäische Gemeinschaft. Köln, Diss. S. 22.

EU-Kandidatenstatus (2002) für einen „schwierigen Partner": Warum der Fortschritt Europas eine Neudefinition der Beziehungen zur Türkei erforderlich macht. In: Gegenstandpunkt, 3-2002.

EU-Kommission (2004): Fragen im Zusammenhang mit der möglichen Mitgliedschaft der Türkei in der Europäischen Union. 6.10.2004, S. 16.

EU-Kommission (2004): Mitteilung der Kommission an den Rat und das Parlament; Empfehlung der Europäischen Kommission zu den Fortschritten der Türkei auf dem Weg zum Beitritt. 6.10.2004.

Europäischer Rat (1999): Schlussfolgerungen des Vorsitzes. Helsinki, 10. und 11. Dezember 1999.

Europäischer Rat (2003): Konvent-Entwurf eines Vortrages über eine Verfassung Europas. Brüssel, 27. Juni 2003.

Faruk, Sen (2004): Ist die Europäische Union bereit für den Beitritt der Türkei? anlässlich der Sitzung des Parlamentarischen Forums Europäische Verfassung. Berlin, 20.10.2004.

Fassmann, Heinz: Wo endet Europa? Anmerkungen zur Territorialität Europas und der Fachwissenschaftlicher Eröffnungsvortrag auf dem 28. Deutschen Schulgeographentag in Wien. In: Mitteilungs- und Serviceblatt Nr. 24 des VDSG Niedersachsen.

Feroz, Ahmad (1989): Die Suche nach einer Ideologie in der kemalistischen Türkei 1919-1939. In: Der Nahe Osten in der Zwischenkriegszeit 1919-1939. Stuttgart, S. 140.

Ferzende, Kaya (2002): Where Will Tribal Votes head for? In: TDN online, 23.9.2002.

Fischer (2004): Der Fischer Weltalmanach 2004. Frankfurt am Main: Fischer Taschenbuch. S. 835.

Fox, Özkan: The History of EU. Turkish Relations and the Prospect of Turkey`s Accession-Panel 128, Political Changes Facing Turkey. S. 5.

Frowein, J. A. (1992): Verfassungsperspektiven der EG. EuR, Beiheft 1/1992, S. 63.

Geiss, Immanuel (1979): Der Berliner Kongress 1878. Protokolle und Materialien. Boppard am Rhein.

Gerken, Egbert (1980): Stabilisierung der türkischen Wirtschaft und internationale Hilfe. In: Europa-Archiv, Folge 21/1980, S. 655.

Giannakopoulos, Angelos (2005): Die Türkei-Debatte in Europa: Ein Vergleich. Wiesbaden. S. 242.

Goltz, Gabriel/Kramer, Heinz (2002): Politischer Erdrutsch bei den Wahlen in der Türkei. Berlin; Stiftung Wissenschaft und Politik, Nov. 2002, S. 48.

Grothusen, Klaus-Detlev (1985): Türkei. Südosteuropäisches Handbuch. Göttingen. Bd. 4, S. 126.

Grothusen, Klaus-Detlev (1988): Der Weg der Türkei in die Moderne – 65

Jahre politisch-historische Entwicklung. In: Aus Politik und Zeitgeschichte, Beilage zur Wochenzeitung „Das Parlament", B 14-15, 1. April 1988, S. 8.

Grünebaum, G.E.V. (1988): Das Osmanische Reich und die moderne Türkei. In: Die Islamistischen Reiche nach dem Fall von Konstantinopel. Frankfurt am Main: Fischer Weltgeschichte. S. 128.

Gumpel, Werner (1980): Die Vollmitgliedschaft der Türkei in der Europäischen Gemeinschaft, Probleme und Perspektiven. In: Beiträge zur Konfliktforschung. 10/3, S. 74.

Heinze, Christian (2003): Zypern – der Konflikt und die Rechtslage. München.

Heper, Metin (1985): The State Tradition in Turkey. Walkington. S. 23.

Hofmann, Barbara/Balkan, C. (1985): Militär und Demokratie in der Türkei. Berlin. S. 99.

Hubel, Helmut (1985): Die Türkei nach der Parlamentswahl von 1983. Europa-Archiv, 7/1985, S. 211.

Hürriyet (türkische Tageszeitung), 4.2.1990, S. 1.

Idris, Bal (2000): Turkey´s relations with the West and the Turkic republics, Aldershot u.a. 2000.

Ilter, Turan (1995): The Oligarchic Leadership of Turkish Political Parties. Origins, Evolution, Institutionalization and Consequences. Istanbul: Koc University Working Paper, No. 19/1995.

Interkultureller Rat in Deutschland und Förderverein PRO ASYL (2004): Gehört die Türkei in die Europäische Union? Darmstadt/Frankfurt am Main, April 2004, S. 14.

Interview (2004): mit Herrn Abgeordneten und (eh. Rechtsanwalt) in der AKP (Gerechtigkeits- und Entwicklungspartei) Bekir Bozdag, 17.8.2004; er ist auch Kommissionsmitglied im Justizministerium.

Karluk, Ridvan S. (1990): Avrupa Topluluklari ve Türkiye (Die Europäische Gemeinschaft und die Türkei). Istanbul. S. 204.

Kommission der Europäischen Gemeinschaft (1989). S. 7.

Kommission der Europäischen Gemeinschaften (2001): Regelmäßiger Bericht über die Fortschritte der Türkei auf dem Weg zum Beitritt. Brüssel, 13.11.2001, Sek 1756.

Kommission der Europäischen Gemeinschaften (2004): Regelmäßiger Bericht über die Fortschritte der Türkei auf dem Weg zum Beitritt. Brüssel, 6.10.2004.

Kramer, Heinz (1984): Die Türkei und die Süderweiterung der EG. In: Außenpolitik, Jg. 35/1, S. 102.

Kramer, Heinz (1987): Der türkische EG-Beitrittsantrag und der griechische Faktor. In: Europa- Archiv, 2/1987, S. 121.

Kramer, Heinz (2001): Das Nationale Programm der Türkei für die Übernahme des Gemeinschaftlichen Besitzstandes. Berlin, SWP-Aktuell, März 2001.

Kramer, Heinz (2002): Überraschung in der Türkei: Vorgezogene Neuwahlen. In: SWP-Aktuell, Nr. 28/02. Berlin: Stiftung Wissenschaft und Politik; August 2002.

Kramer, Heinz (2002): Die Türkei und die Kopenhagener Kriterien. Die Europäische Union vor der Entscheidung. Berlin, November 2002, S. 13; S. 23.

Kramer, Heinz (2003): EU-kompatibel oder nicht? Zur Debatte um die Mitgliedschaft der Türkei in der Europäischen Union. Berlin, August 2003, S. 32.

Kurier: EU macht Druck auf die Türkei. 12.3.2003, S. 5.

Leggewie, Claus (2004): Die Türkei und Europa. Die Positionen. Frankfurt am Main. S. 299.

Lothar, Rühl (2004): Sicherheitspartner Türkei. Geopolitik, Strategie und europäische Interessen. Wien: Büro für Sicherheitspolitik, Mai 2004.

Manegold, Dirk/Probst, Fr./Uhlmann, F. (1989): Agrarwirtschaft und Agrarpolitik der Türkei unter Aspekten eines EG-Beitritts. Frankfurt. S. 6.

Manizade, Dervis (1993): 65 yil Boyunca Kibris Belge ve Resimlerle yazdiklarim Söylediklerim. Istanbul. S. 571-572.

Meinardus, Roland (1985): Der griechisch-türkische Konflikt über den militärischen Status der ostägäischen Inseln. In: Europa Archiv, 40/1985. S. 41-48.

Murat, Ercan (2003): Der Zypernkonflikt und die Beziehungen Zyperns mit der EU bis in die jüngste Zeit. Wien. S. 20.

Nohlen, Dieter (1993): Wörterbuch Staat und Politik. Bonn: Bundeszentrale für politische Bildung. S. 70.

Önis, Z. (2002): Greek-Turkish Relations and the Role of The European Union: Perpetuator of Conflict or Contributor to Peace? (nicht veröffentlicht).

Orient (2003): Die Deutsche Zeitschrift für Politik und Wirtschaft des Orients, German Journal for Politics and Economics of the Middle East. Deutsches Orient Institut in Hamburg, 44. Jahrgang, Nr. 1/2003, März 2003, S.63-73.

Orient (2003): Die Deutsche Zeitschrift für Politik und Wirtschaft des Orients, German Journal for Politics and Economics of the Middle East. Deutsches Orient Institut in Hamburg. 44. Jahrgang, Nr. 3/2003,. S. 413.

Österreichisches Institut für Europäische Sicherheitspolitik (2004): Unsere Sicherheit – Europa. Newsletter des Österreichischen Instituts für Europäische Sicherheitspolitik, Ausgabe 4/04, S. 1.

Ost-Europa Institut München (2004): EU-Beitrittsreife der Türkei und Konsequenzen einer EU-Mitgliedschaft. Wirtschaftswissenschaftliche Abteilung, Working Papers, Nr. 252, Januar 2004.

Özak, Halil/Dagyeli, Yildirim (1989): Die Türkei im Umbruch. Frankfurt/M. S. 189.

Pfetsch, Frank R. (1991): Konflikt seit 1945. Daten – Fakten – Hintergründe. Bd. 1, Europa. Würzburg. S. 78.

Plattner, Hans (1999): Die Türkei. Eine Herausforderung für Europa. Wien. S. 85.

Pöschl, Reiner (1989): Vom Neutralismus zur Blockpolitik, Hintergründe der Wende in der türkischen Außenpolitik nach Mustafa Kemal Atatürk. München. S. 344.

Quaisser, Wolfgang (2004): Die Türkei in der Europäischen Union? Wirtschaftswissenschaftliche kurze Analyse und Informationen, Nr. 11, März 2004. Ost-Europa Institut München.

Raddatz, Hans-Peter (2004): Die türkische Gefahr? Risiken und Chancen. München: Herbig. S. 287.

Ramoglu, Kemal (1994): Die politischen und wirtschaftlichen Aspekte der Beziehungen zwischen der EG und der Türkei seit den 60er bis 1992. Bonn. S. 212.

Reiter, Erich (2004): Die Situation der EU in ihrer geplanten strategischen Überdehnung: Sicherheitspolitische und strategische Aspekte eines Beitritts der Türkei zur EU. Wien: Büro für Sicherheitspolitik d. Bundesministeriums für Landesverteidigung.

Republik Türkei – Ministerium für Auswärtige Angelegenheiten, Generalsekretariat für EU-Angelegenheiten (2004): Politische Reformen in der Türkei. März 2004, S. 2.

Richter, Heinz (1987): Der griechisch-türkische Konflikt und die Haltung der Sowjetunion, o. O.

Richter, Pascal (1997): Die Erweiterung der Europäischen Union. Unter besonderer Berücksichtigung der Beitrittsbedingungen. Baden-Baden. S. 70.

Ridvan, Karluk (1998): Avrupa Birligi ve Türkiye (Die Europäische Union und die Türkei). Istanbul. S. 518.

Rumpf, Christian (1986): Die Beziehungen zwischen der Türkei und der EG. Bericht über die Tagung des AEI vom 17. bis 19. April 1986 in Augsburg. In: Europäische Integration. Mitteilungen des Arbeitskreises Europäische Integration. Bonn: Presse- und Informationsbüro der EG-Kommission (Hrsg), Oktober 1986, S. 3.

Rumpf, Christian (1993): Minderheiten in der Türkei und die Frage nach ihrem rechtlichen Schutz. In: ZfT, S. 6; S. 173-209.

Rüstow, Dankwart A.: Unutulan Müttefik; Türkise (Vergessener Verbündeter. Türkei). Ins Türkische übersetzt von Hakan Türkkusu.

Sabah (türkische Tageszeitung), 5.2.1990, S. 1.

Schmitt, Eberhard/Hulusi, Turgut (1990): Zu den außenpolitischen Erklärungen Evrens. München.S. 600.

Sebnem, Basdere (2002): Zum EU-Bild in der türkischen Öffentlichkeit. Unter besonderer Berücksichtigung der Zeitungskolumnen. Wien. S. 32.

Sen, Faruk (2004): Ist die Europäische Union bereit für den Beitritt der Türkei? Berlin: Anlässlich der Sitzung des Parlamentarischen Forums, 20.10.2004, S. 2.

Sen, Faruk (1999): 2000 Yilinin Esiginde Avrupa ve Türkiye; (Europa und die Türkei auf der Schwelle des Jahrs 2000). Cumhuriyet Verlag, Dezember 1999, S. 35-37.

Sicherheitsakademie/Militärwissenschaftliches Büro (1998): Die Türkei und Europa. Informationen zur Sicherheitspolitik, Nr. 5, Februar 1998, S. 1.

Sönmez, Ergün (1985): Die Türkei von Atatürk bis heute. Berlin. S. 76.

Steinbach, Udo (1996): Die Türkei im 20. Jahrhundert. Schwieriger Partner Europas. S. 265.

Steinbach, Udo (2000): Geschichte der Türkei. München. S. 87.

Steinbach, Udo (2003): Gehört die Türkei in die Europäische Union? Bereit für den Eintritt in die Wertegemeinschaft. In: Leibniz, Journal der Leibniz-Gemeinschaft, H. 1, S. 3.

Stellungnahme der AG Außenpolitik und der AG Europa der SPD-Bundestagsfraktion sowie der Koordinierungsgruppe Türkei beim SPD-Parteivorstand vom 30. März 2004, S. 4.

Streinz, Rudolf (1996): Minderheiten- und Volksgruppenrechte in der Europäischen Union. S. 11.

Strohmaier, Barbara (2001): Ethische und religiöse Pluralität in der Türkei. Wien. Mai 2001, S. 20.

Süddeutsche Zeitung, 26.2.1984.

Südosteuropa Mitteilungen, 01/04, Jahrgang 44, S. 77.

Südosteuropa Mitteilungen, 06/04, Jahrgang 44, S. 72.

TOBB (Türkiye Odalar ve Borsalar Birligi: Verband der Kammern und Börsen der Türkei) (Hrsg.) (1988): Die Türkei in Europa (Beitrag von Heinz Krammer). Sonderheft, Februar 1988, S. 7.

Ugur, Mehmet (2004): Avrupa Birligi ve Türkiye (Europäische Union und die Türkei). Istanbul. S. 300.

Ülger, Irfan Kaya (2002): Avrupa Birliginde Siyasal Büntünlesme; Ortak Dis Politika weh Güvenlik politikasinin olusumu; (Politische Einigung in der Europäischen Union. Entstehung der gemeinsamen Außen- und Sicherheitspolitik). Istanbul. Mai 2002.

Weithmann Michael W./Moser, Brigitte (2002): Die Türkei: Nation zwischen Europa und dem Nahen Osten. Köln. S. 196.

Winrow, Gareth M. (2003): Pivotal ob Energy Supplicant? Demostic Structure, External Actors and Turkish Policy in the Caucasus. In: Middle East Journal, 1/ 2003, S. 3-10.

Yilmaz, Bahri (1994): Die neue Rolle der Türkei in der internationalen Politik.

In: Außenpolitik, S. 97.

Yoldas, Yunus (2000): Verwaltung und Moral in der Türkei. In: Europäische Hochschülerschriften, Reihe 31/Politikwissenschaft, Bd. 405. Frankfurt a. M./Berlin u.a.

Zaman (türkische Tageszeitung), 3.2.1990, S. 1.

Zentrum für Türkeistudien (2003): Die wirtschaftliche Lage der Türkei, Hintergrund-Informationen für die Delegation der Türkeireise der FDP-Landtagsfraktion. Essen.

Internetadressen

http:// www.infa.gov.tr/gruppe/eb/01.htm

http://de.wikipedia.org/w/wiki.phtml?title=Zypernkonflikt&action=history, 10.2.2005

http://derstandard.at/?url=/?id=1948664, 12.2.2005

http://europa.eu.int/comm/enlargement/turkey/pdf/sec89_2290f_en.pdf, 23.2.2004

http://europa.eu.int/comm/enlargement/turkey/pdf/sec89_2290f_en.pdf, 25.09.2004

http://europa.eu.int/council/off/conclu/dec99/dec99_de.htm, 21.8.2004

http://europa.eu.int/scadplus/leg/de/lvb/e40111.htm

http://europa.eu.int/scadplus/leg/de/lvb/e40111.htm, 7.10.2004

http://europa.tiscali.de/index.jsp?section=politik.home&level=preview&content= 217294, 7.1.2005

http://infos.aus-germanien.de/ Politisches_System_der_T%C3%BCrkei#Verfassung,_11.5.2003

http://infos.aus-germanien.de/Zypern-Konflikt, 13.2.2005

http://kurier.at/ausland/890065.php, 23.2.2005

http://ltd-ev.de/eu/FR_261102.htm, 22.8.2004

http://nibis.ni.schule.de/~vdsg/Seiten/sin/sin_24/europa_1.htm, 21.12.2004

http://ue.eu.int/ueDocs/cms_Data/docs/pressData/de/ec/00400.D7.htm

http://www.aillyacum.de/Dt/Wahlen-Europa/TR/default.html, 10.4.2003

http://www.auswaertiges-amt.de/www/de/laenderinfos/laender/ laender_ausgabe_html?type_id=12&land_id=176, 13.2.2005

http://www.aypa.net/Avrupa/20041006-KEG-Fragen-TR-2004.pdf

http://www.bmlv.gv.at/pdf_pool/publikationen/06_stran_20_ruehl.pdf, 18.2.2005

http://www.bpb.de/popup_lemmata.html, 4.4.2004

http://www.bpb.de/popup_lemmata.html, 15.4.2004

http://www.bpb.de/publikationen/6TB989,2,0,Grundz%FCge_des_politischen_S ystems.html, 14.10.2004

http://www.bpb.de/themen/I13FQB,0,0,Keine_Aufnahme_der_T%FCrkei_in_di
e_EU.html, 7.11.2004

http://www.bpb.de/themen/I13FQB,0,0,Keine_Aufnahme_der_T%FCrkei_in_di
e_EU.html, 21.11.2004

http://www.bpb.de/themen/MX6HNP,0,0,Wirtschaftliche_und_soziale_%DCber
forderung_der_EU.html, 13.11.2004

http://www.crh.camelot.de, 23.2.2004

http://www.cyprus-un-plan.org/annan_plan_text1_Tr.html, 27.10.2004

http://www.diplomatischerbeobachter.com/news_read.asp?id=47, 18.7.2004

http://www.duei.de/doi/de/content/forschung/tuerkei_kurden/steinbach_pub/turk
ei_eu.pdf, 17.1.2005

http://www.eiz-niedersachsen.de/ewb/themeninfo/fb/2004-10-tuerkei-fragen.pdf,
11.12.2004

http://www.europa-digital.de/aktuell/dossier/tuerkei/zypern.shtml, 12.2.2003

http://www.europa-digital.de/laender/zyp/nat_pol/einheit/refgesch.shtml,
9.2.2005

http://www.faz.net/s/Rub99C3EECA60D84C08AD6B3E60C4EA807F/Doc~EF
19879AE553F4A2487857246D83E4A9D~ATpl~Ecommon~Scontent.html,
23.12.2004

http://www.gap.gov. tr./Flash/Tr/probe.html, 17.8.2004

http://www.geo.uni-augsburg.de/sozgeo/gp/gp10/demirci.htm, 27.9.2004

http://www.gruene-nbg.de/images/themen/tuerkei-eu.rtf, 11.2.2005

http://www.hurriyetim.com.tr, 17.8.2004

http://www.istanbulpost.net/04/07/03/yazicioglu.htm, 11.10.2004

http://www.istanbulpost.net/05/01/03/zypern.htm, 17.2.2005

http://www.kas.de

http://www.keskin.de/de/vortraege/EU.html, 10.12.2004

http://www.kgm.adalet.gor.tr/kanunlasanlar.com, 11.10.2004

http://www.lpb.bwue.de/aktuell/bis/1_00/tuerkei03.htm, 12.11.2004

http://www.lpb.bwue.de/aktuell/bis/1_00/tuerkei03.htm, 12.11.2004

http://www.lrz-muenchen.de/~oeihist/, 7.8.2004

http://www.lrz-muenchen.de/~oeim/wp252.pdf, 7.8.2004

http://www.maf.gov.tr

http://www.nadir.org/nadir/periodika/widerstand/presse_8.htm, 16.8.2004

http://www.netzeitung.de/ausland/28682.html, 23.7.2004

http://www.oeko-net.de/kommune/kommune2-96/k296_12.htm, 12.10.2004

http://www.oeko-net.de/kommune/kommune2-96/k296_12.htm, 27.9.2004

http://www.otw.co.at/otw/index.php/g/a/164, 25.11.2004

http://www.sabah.com.tr/2005/02/10/eko104.html, 10.2.2005

http://www.sonntagsblatt.de/artikel/1998/15/15-deb.htm, 20.4.2001

http://www.swp-berlin.org/common/get_document.php?id=626, 11.4.2004 http://www.swp-berlin.org/common/get_document.php?id=626, 13.3.2004

http://www.tagesschau.de/aktuell/meldungen/0,1185,OID2862308_TYP6_THE_NAVSPM11174_REF3_BAB,00.html, 21.2.2005

http://www.tbmm.gov.tr/develop/owa/milletvekili_sd.bilgi?p_donem=22&p_sici l=6238, 1.2.2004

http://www.tcberlinbe.de/de/archiv/2003/Inoffizielle%20Zusammenfassung.pdf, 12.9.2004

http://www.tgsh.de/deutsch/details.php3?typ=news&idx=109, 13.1.2005

http://www.tgsh.de/deutsch/details.php3?typ=news&idx=109, 23.7.2004

http://www.tuerkischebotschaft.de/de/eu/2004_03_19_Politische_Kriterien.pdf, 10.8.2004

http://www.tuerkischebotschaft.de/de/eu/2004_03_19_Politische_Kriterien.pdf, 10.8.2004

http://www.tusiad.org/turkish/rapor/brosur_alman/brosur_alman.pdf, 2.12.2004

http://www.ue.eu.int

http://www.weltpolitik.net/Sachgebiete/Europ%E4ische%20Union/Vertiefung/E rweiterung/Dossier/Beitritt_der_T%EU-Beitrittsperspektive.html, 26.9.2004

http://www.weltpolitik.net/Sachgebiete/Europ%E4sche%20Union/Vertiefung/Er weiterung/Dossier/Beitritt_der_T%FCrkei/Grundlagen/Die%20Entwicklung %20der%20t%FCrkischen%20EU-Beitrittsperspektive.html, 29.9.2004

http://www.weltpolitik.net/texte/policy/tuerkei_eu/Customs%20Union.pdf, 9.9.2004

http://www.weltpolitik.net/texte/policy/tuerkei_eu/Customs%20Union.pdf, 3.8.2004

http://www.weltpolitik.net/texte/policy/tuerkei_eu/Customs%20Union.pdf, 13.6.2004

http://www.weltpolitik.net/texte/policy/tuerkei_eu/walter_hallstein.pdf

http://www.weltpolitik.net/texte/policy/tuerkei_eu/walter_hallstein.pdf

http://www.weltpolitik.net/texte/policy/tuerkei_eu/walter_hallstein.pdf, 10.6.2004

http://www.weltpolitik.net/texte/policy/tuerkei_eu/walter_hallstein.pdf, 10.6.2004

http://www.weltpolitik.net/texte/policy/tuerkei_eu/walter_hallstein.pdf, 5.3.2004

http://www.ytl.gen.tr/ytl/index.php, 28.2.2005

http://www.dein.org.tr/ikili/20041515031ikili%20iliskiler-azerbaycan-ocak04.doc, 19.2.2004

http://www.foreigntrade.gov.tr, 18.5.2004

http://www.swp-berlin.org/pdf/ap/s06_02.pdf

http://www.politische-bildung.net/links/tuerkei_eu.htm 28.12.2006